プロの添乗員と行く

クロアチア・スロベニア 世界遺産と歴史の旅

武村陽子

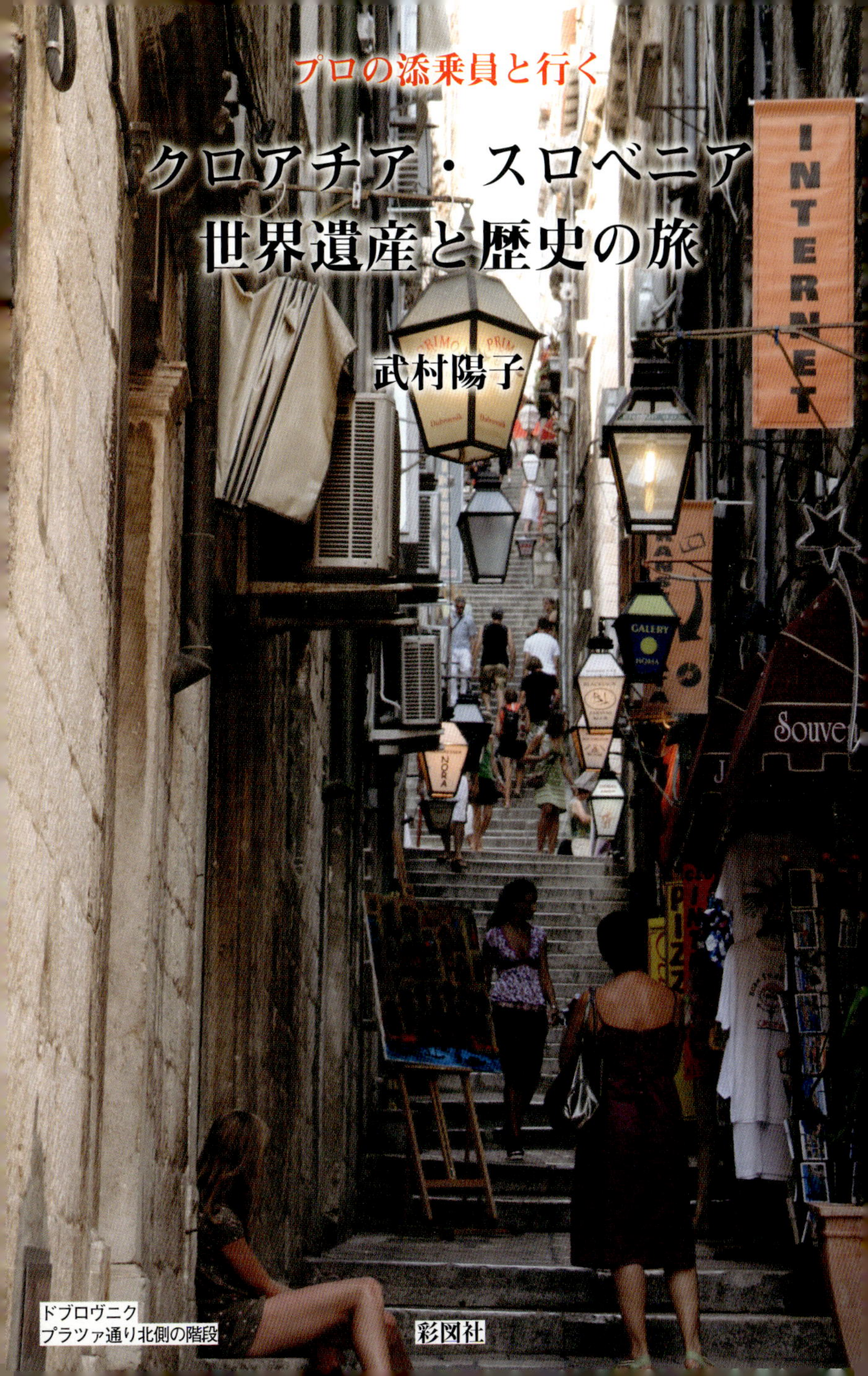

ドブロヴニク
プラツァ通り北側の階段

彩図社

ドブロヴニク
（クロアチア）

スルジ山展望台から旧市街とロクルム島を望む

背後は荒涼とした台地

白い十字架

展望台には売店やカフェがある

ピレ門

バス停から見たピレ門

3 ドブロヴニク
（クロアチア）

プラツァ通り（ピレ門を抜けたところ）

フランシスコ会修道院
ドアの上のピエタの浮彫

左から城壁への上り口、救世主教会、フランシスコ会修道院

博物館

フランシスコ会修道院内部

中庭

回廊

秋篠宮御夫妻に出会う

クロアチア最古の薬局

損傷が激しい壁画

ドブロヴニク
（クロアチア）

修道院の壁を貫いた銃弾痕(外側)

オノフリオの噴水

← 11 時 25 分

ルジャ広場

スポンザ宮殿（左）、時計塔（右）

オルランドの像

聖ヴラホ教会

オノフリオ小噴水

5

ドブロヴニク

（クロアチア）

総督邸２階部屋

総督邸

ネクタイ店 CROATA

総督邸１階吹き抜け

大聖堂内部

大聖堂

セルビア正教会

オドプチャ通り

青空市場

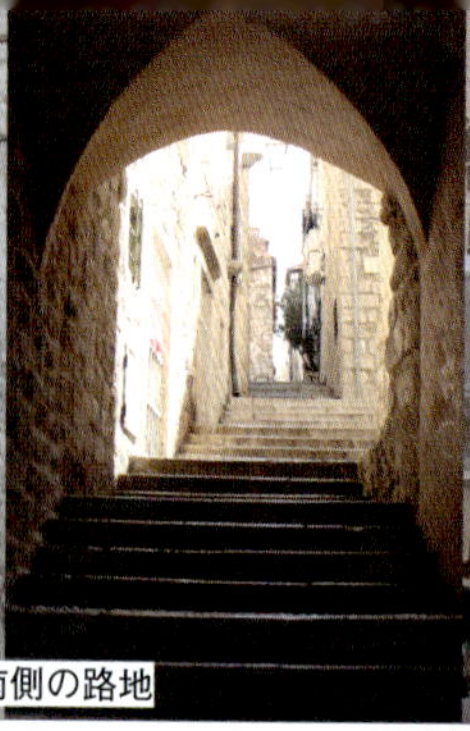

オドプチャ通りの南側の路地

青空市場から階段の上の聖イグナチオ教会が見える

旧港は南の聖イヴァン要塞と北の聖ルカ要塞で守られている

造船所だったアルセナルは今はレストラン

プロチェ門の外から旧港を見る

プロチェ門

城壁巡り

階段の途中からドミニコ会
修道院と旧港が見えてくる

聖ルカ要塞の階段から城壁に上る

7

ドブロヴニク

（クロアチア）

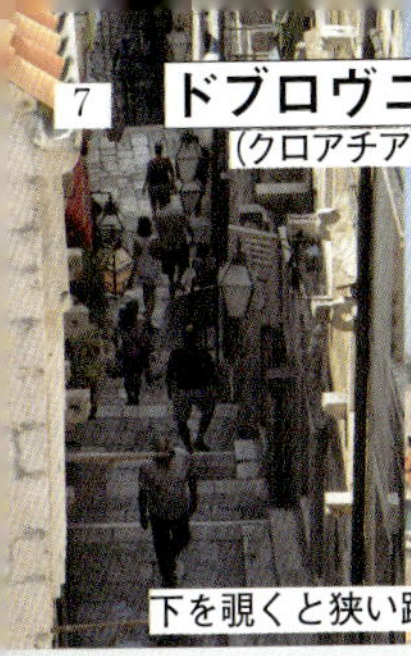

下を覗くと狭い路地の階段を上る人が見える

城壁巡り

ミンチェタ要塞に向かって上っていく

ミンチェタ要塞から旧市街を眺める

ミンチェタ要塞

オノフリオの噴水が見える

城壁から見るピレ門内部

ミンチェタ要塞の屋上

聖イヴァン要塞上から見る旧港

城壁の外で泳ぐ人

ロヴリイェナツ要塞

海沿いの城壁

ドブロヴニク
（クロアチア）

ミニクルーズ船でロクルム島周辺を巡る

ミニクルーズ船上から旧市街の城壁を眺める

ドブロヴニク橋とグルージュ港に停泊する豪華客船

BABIN KUK 行きバスと刻印機

ネウム

ネウムの街並み

ネウムのスーパーマーケット

コルチュラ島

マルコ・ポーロの塔

ストン

ストンからマリストンまでの城壁

9 スプリット
（クロアチア）

宮殿への入口

海側から見るとローマ時代の宮殿跡には見えない

地下には店が並ぶ

宮殿の地下

右は大聖堂入口

地下から上がると中庭

宮殿の中には人が住んでいる

中庭から皇帝の住まいへの入口を見る

スプリット
（クロアチア）

鐘楼の上から港を望む

大聖堂と鐘楼を裏側から見る

銀行内、ローマ時代の柱と通りの端を示す窪み

北門への通り

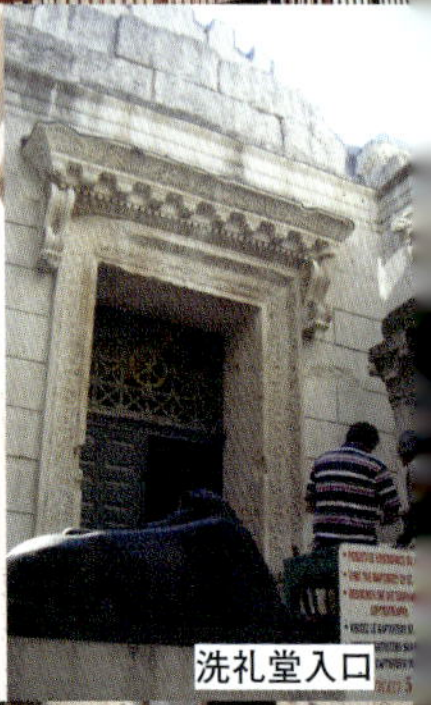
洗礼堂入口

グルグール・ニンスキーの像

北門

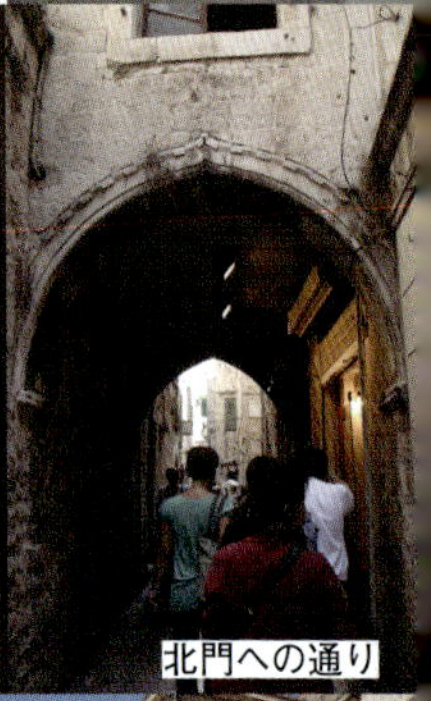
北門への通り

共和国広場

ナロドニ広場

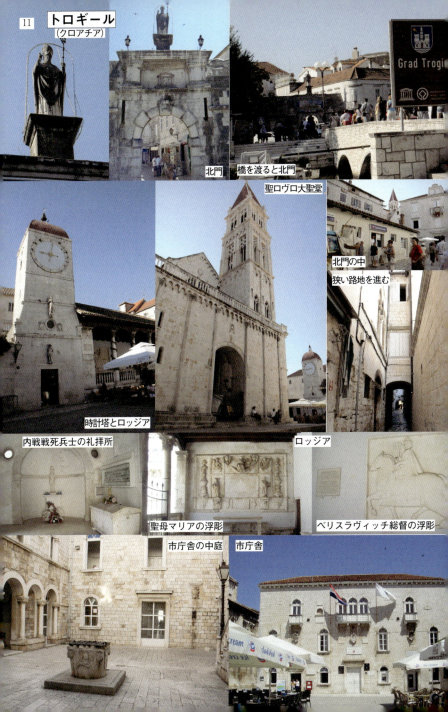

トロギール
（クロアチア）

北門

橋を渡ると北門

時計塔とロッジア

聖ロヴロ大聖堂

北門の中

狭い路地を進む

内戦戦死兵士の礼拝所

ロッジア

聖母マリアの浮彫

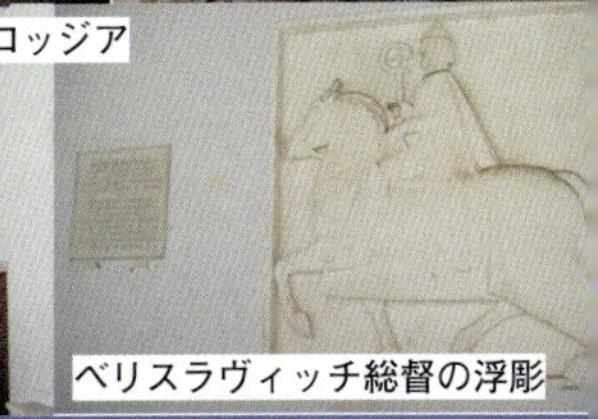

ベリスラヴィッチ総督の浮彫

市庁舎の中庭

市庁舎

トロギール

（クロアチア）

↑12月～2月　↑3月と4月

←カレンダーを表す浮彫

大聖堂入口の浮彫

南門とロッジア

聖イヴァン礼拝堂

大聖堂内部

カメルレンゴ要塞

アドリア海の海綿

アウグスティナ・カジョティツァ通り

小学校

青空市場

大聖堂の鐘楼の上からチオヴォ島方面を見る

13

シベニク

（クロアチア）

聖ヤコブ大聖堂

バス駐車場から旧市街を見る

左に大聖堂ドーム、丘の上に聖ミカエル要塞が見える

ライオンの扉

洗礼室天井の天使の彫刻

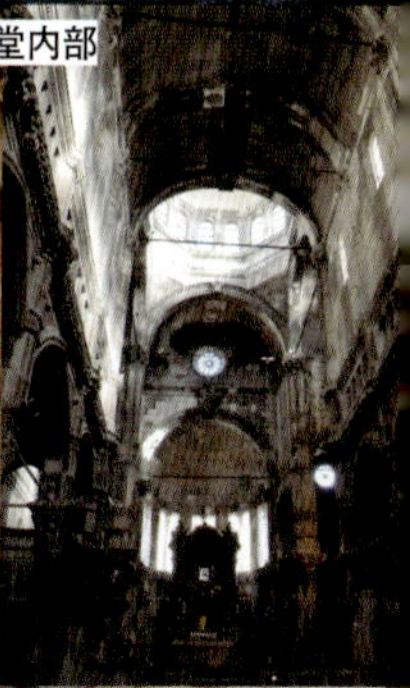

大聖堂内部

ダルマチナッツの像

レプブリカ広場

左＝市庁舎、正面アーチ中央の柱＝恥の柱、右＝大聖堂

72 人の頭部の彫刻

トミスラヴ通り

聖バルバラ教会

市庁舎

ザダル

聖ドナット教会

クルカ

クルカサービスエリアからスクラディンを見る

オパティア

ヴィラ・アンジョリナ

高速道路を下るとき見たオパティア
中央半島の部分がアンジョリナ公園

オパティアの海岸

オパティアのメイン通り

リエカ

中央市場

リェチナ川

リエカ
(クロアチア)

コルゾ通り

時計塔

大聖堂の内部

聖ヴィート大聖堂

ローマ門

トルサット城

トルサット聖母マリア教会

ペタル・クルジッチの階段

下の階段入口

聖母マリアの絵

ポレチュ
(クロアチア)

五角形の塔

スロボダ広場の聖母マリア教会

エウフラシウス聖堂の入口が見える

ヴェネチア時代の邸宅

エウフラシウス聖堂外観

魚のモザイク

入口のモザイク

聖マウロの棺

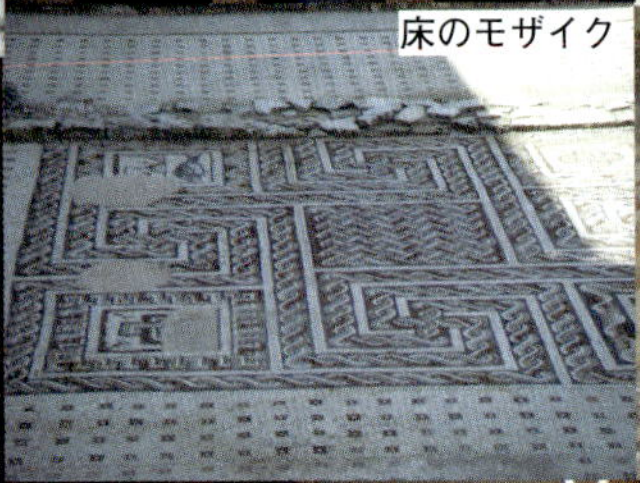
床のモザイク

4、5世紀の洗礼場

祭壇のビザンチンモザイク

17 ロヴィニ
（クロアチア）

ヴァルディボラ広場の青果市場

丘の上に建つ聖エウフェミア教会

バルビ門

↑クロアチア語とイタリア語で橋広場と書かれた銘盤

モスト広場から新市街に延びる通り

聖エウフェミア教会

旧市街の通り

石棺を引き上げる絵

殉教の絵

聖エウフェミアの棺

聖ユライの祭壇

プリトヴィツェ
（クロアチア）

展望台Ａ（大滝の上）からの眺め

渓谷に下りる途中の景色

入口①で並ぶ人たち

木でできた遊歩道を歩く

魚影が見える透明度

ヴェリキ・スラップ（大滝）

19 **プリトヴィツェ**
（クロアチア）

展望台Ｂからの眺め

ミラノヴァツ滝

ミルカ・トルニナ滝

←ミルカ・トルニナのプレート

遊覧船の中

Ｐ３乗船場

Ｐ３のカフェ

対岸にP1が見える（貸しボートがある）

ステファニア島の横を通る遊覧船（コジャク湖）

プリトヴィツェ
（クロアチア）

ブルゲティ

Ｐ２乗船場

プルシュタヴツィ滝

ブルゲティ

電動バス

ラストケ村

ザグレブ
(クロアチア)

城壁と聖母マリアの記念碑

聖母マリア大聖堂

アロイジウス・ステピナッツの墓

トカルチチェヴァ通り

ドラツ市場

聖ユライの騎馬像（右奥の建物が石の門）

マリア・ザゴルカの像

クルヴァヴィ・モスト（血の橋）の表示

石の門

石の門の中の礼拝堂

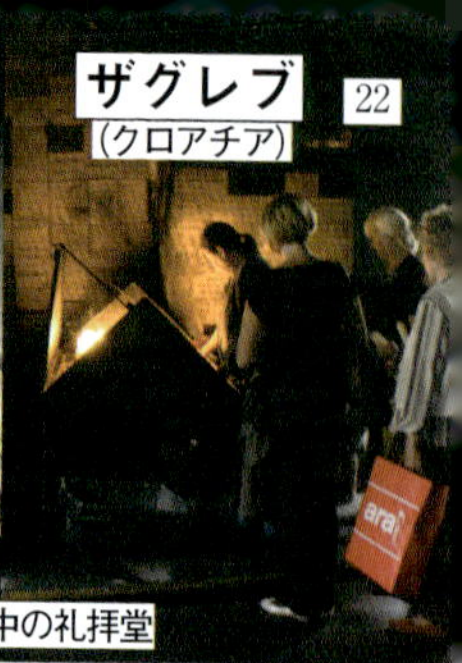

聖マルコ教会

1355年開業の薬局→

政府官邸

国会議事堂

聖カタリナ教会

ナイーブアート美術館

ガス灯を消す人

ザグレブ
(クロアチア)

ケーブルカー、ロトルシュチャク塔→

イェラチッチ広場

近現代美術館

ミマラ博物館

国立劇場

中央駅

トミスラヴ王の騎馬像→

ザグレブのトラム

ブレッド
（スロベニア）

断崖の上ブレッド城と聖マルティン教会

ブレッド湖から見たトリグラフ山

活版印刷の実演

ブレッド城

城の中庭は１階と２階に分かれている

城門の外のＧＲＡＤの表示

ワインセラー

城上部の礼拝堂と博物館

城のテラスからの眺め

聖マリア教会

ブレッド島

99 段の階段

手漕ぎボート、プレタナ

↓駅構内の標高 526m の表示　ブレッド駅

望みの鐘を鳴らす

聖マリア教会内部

リュブリャーナ

(スロベニア)

リュブリャーナ城の展望台から見るサビーニャ・アルプス

見張りの塔から城内中庭を見る

見張りの塔から旧市街を見る

城へ上る遊歩道

ケーブルカー

見張りの塔の階段

青銅製ドアの彫刻

大聖堂内部

ニコラス大聖堂

市庁舎

大理石の噴水とオベリスク

チリル・メトドフ通り

ナルシスの噴水

市庁舎中庭の井戸

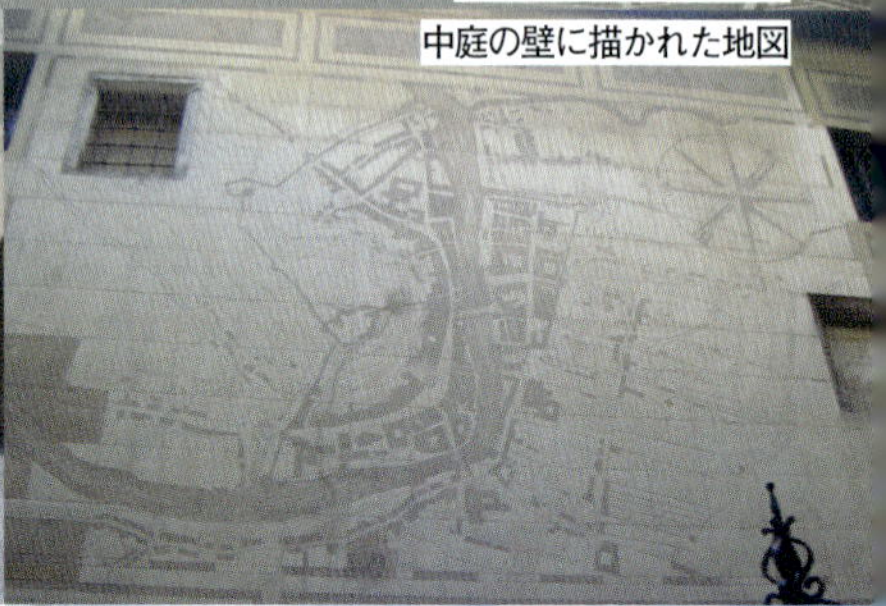
中庭の壁に描かれた地図

ツェントロメルクール

プレシェーレンの像

三本橋とフランシスコ教会

肉屋の橋

川沿いの回廊

リュブリャーナ駅

龍の橋

27 ポストイナ鍾乳洞
（スロベニア）

右の建物の奥が入口

洞窟の手前には土産店やカフェが並ぶ

狭い洞窟を進むトロッコ

トロッコ列車に乗る

頭がぶつかりそう

猛スピードで走るトロッコ列車

ポストイナ鍾乳洞
(スロベニア)

つららのような鍾乳石

希望の言語ごとに集合

ロシア橋

コンサートホール

ブリリアントと呼ばれる石筍

巨大な石筍

洞窟から出ると外は暖かい

帰りのトロッコを降りて外への途中、ピウカ川が見える

コトル
(モンテネグロ)

コトル湾

バスで国境を越える

レペタネ、カメナリ間をフェリーで渡ると早い

２つの人工の島、左は聖ユライ島、右は聖母マリア島

正門（海の門）

シュクルダ川の橋から城壁を見る

オルジャ（武器）広場

時計塔、下の四角錐は恥の柱

コトル
（モンテネグロ）

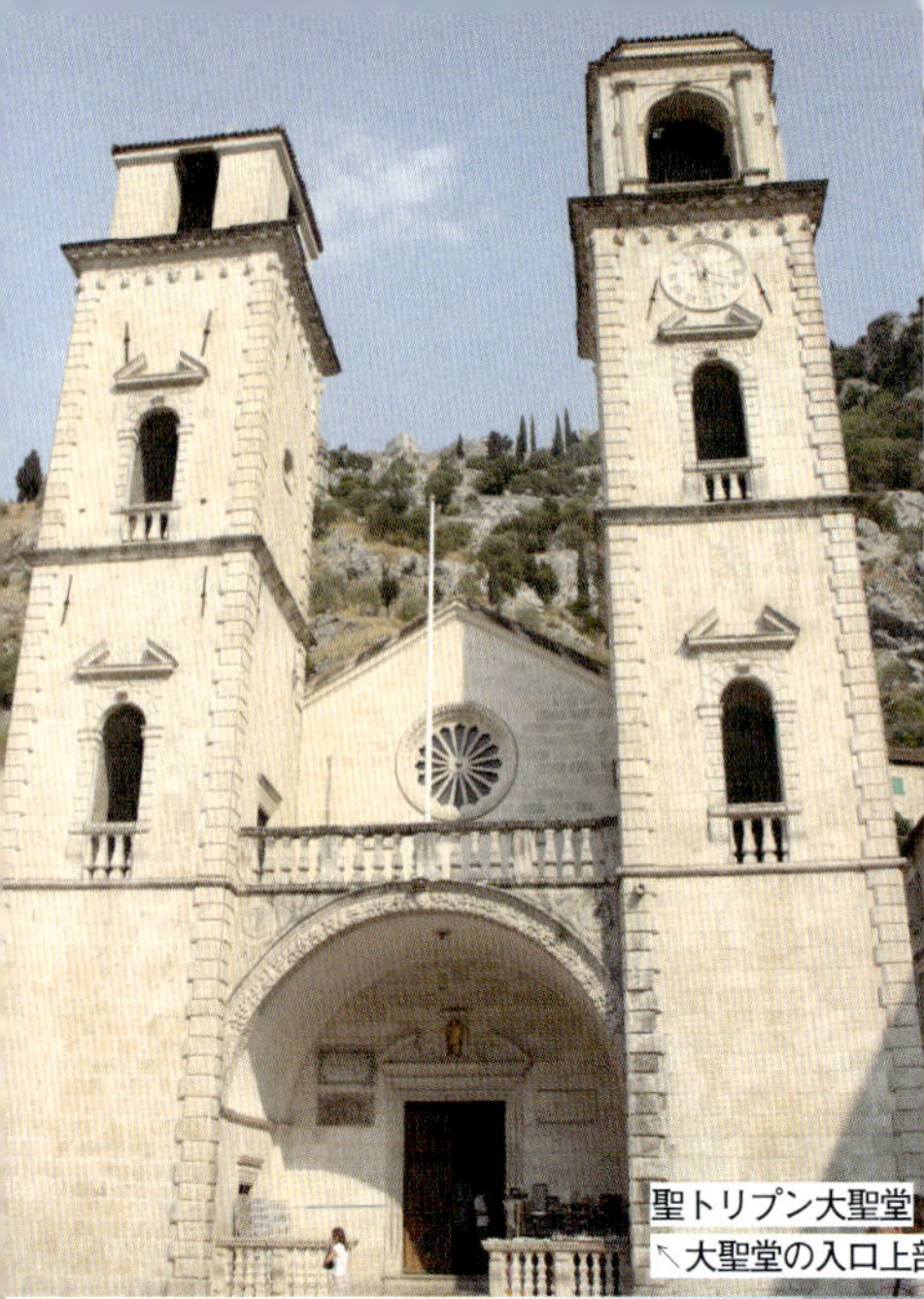

聖トリプン大聖堂

貴族の館

↖大聖堂の入口上部、コトルの町を抱えて立つ黄金の聖トリプンの像

コトル旧市街の路地

聖ニコラ教会

聖ルカ教会

17 世紀に造られた井戸

背後の山の上に延びる城壁

コトル旧市街の路地

聖クララ・フランシスコ会修道院

モスタル
(ボスニア・ヘルツェゴビナ)

スターリ・モスト

スターリ・モストの手前にはトルコ風の土産店が並ぶ

フランシスコ教会

クリヴァ・チュプリヤ(ななめ橋)

ハマムだったところは観光案内所

モスタル

（ボスニア・ヘルツェゴビナ）

スターリ・モスト入口

「93 年を忘れるな」

橋からネレトヴァ川に飛び込む人

スターリ・モストの上から見た
コスキ・メフメット・パシナモスク

内戦の銃弾痕

旧市街（クユンジルク通り）

↑山の頂に十字架
←下にはモスクのミナレット

コスキ・メフメット・パシナモスク
信者が手足を清めるあずまや

クロアチア・スロベニア

ドイツ
ザルツブルク
オーストリア
ウィーン
ブラチスラバ
スロバキア
ブダペスト
ハンガリー
グラーツ
クラーゲンフルト
ホーホシュトゥール
トリグラフ山
ブレッド
スロベニア
リュブリャーナ
ポストイナ鍾乳洞
シュコツィヤン鍾乳洞
ヴェネチア
トリエステ
ザグレブ
クロアチア
スラヴォニア
イストラ半島
オパティア
リエカ
ポレチュ
ロヴィニ
プーラ
クルク島
プリトヴィツェ湖群国立公園
セルビア
ラヴェンナ
ボスニア・ヘルツェゴビナ
ザダル
ダルマチア
アドリア海
メフメッド・パシャ・ソコロヴィッチ橋
サラエボ
シベニク
トロギール
スプリット
モスタル
ブラチュ島
フヴァール島
ヘルツェゴビナ
ヴィス島
スターリ・グラード平原
コルチュラ島
モンテネグロ
ドブロヴニク
ポドゴリツァ
コトル
イタリア

はじめに

「アドリア海の真珠」と称えられるクロアチアの世界遺産「ドブロヴニク」。街を取り囲む城壁の上から眺めるアドリア海の青い海と赤い屋根のコントラスト。その美しさは喩えようがありません。

いつも観光客で賑わっているドブロヴニクですが、一時期ヴェネチアの支配下におかれた以外は、19世紀初頭まで、都市国家として独立を維持していました。

地図でみるとU字形をしたクロアチアは、ザグレブを中心とする中央クロアチア、アドリア海沿岸のダルマチア、イストラ半島、ザグレブから東のスラヴォニアと、4つの地方で構成されており、地域によって全く異なる歴史をもっています。

アドリア海沿岸のイストラ半島やダルマチア地方は、長い間ヴェネチアに支配され、ヴェネチア時代の建造物が残る魅力的な町がたくさんあります。イストラ半島の「ポレチュ」には世界遺産になっているビザンチンモザイクの美しい教会があり、「スプリット」にはローマ時代の建物が残っています。

それに対して内陸部は全く趣が異なり、首都ザグレブを中心とする中央クロアチアは、オーストリアやハンガリーと歴史を共にしてきました。また、美しい湖沼群が連なるプリトヴィツェ湖群国立公園は世界自然遺産に指定されています。

こんなにも変化にとんだクロアチアを旅行すると刺激が強すぎて、その後、どこへ行ってもかすんで見えてしまい、もう行くところがなくなるのではないかと心配なくらいです。

今回のクロアチア・スロベニア・ツアーでは、まず、スロベニアから回ります。最初に、湖上の島に教会がたつ絵葉書のようなブレッド湖に向かいます。次に立ち寄るポストイナ鍾乳洞はヨーロッパ最大級の規模で迫力満点です。オーストリアと歴史をともにしてきたスロベニアの首都リュブリャーナは落ちついた美しい町で、オーストリアの一都市のようです。

スロベニアから陸路で国境を越え、クロアチアのザグレブやイストラ半島、プリトヴィツェ湖群国立公園、アドリア海のダルマチア地方を訪れます。そして、最後に今回のツアーのハイライトであるドブロヴニクを訪れます。

今回は、クロアチアと国境を接しているボスニア・ヘルツェゴビナに入り、世界遺産の「モスタル」を訪れます。オスマン帝国の支配が長く続いたボスニア・ヘルツェゴビナでは、今も多民族が共存し、トルコ風の街にはモスクが建ち、少し離れたところにセルビア正教会やカトリック教会を見ることができます。また、ドブロヴニクから日帰りでモンテネグロの世界遺産「コトル」も観光します。

ローマ、ビザンチン、ヴェネチア、オーストリア、ハンガリー、オスマン、ユーゴスラビアなどが入り混じる複雑な歴史と文化を、今回の旅行を通して味わっていただければ幸いです。また、本書が、少しでも、皆様の旅行のお役にたてるなら、著者としてこれほどの喜びはありません。

では、Sretan Put!（スレタン・プート、クロアチア語で、「よい旅を！」）

はじめに 34

スロベニア……………………………… 41

リュブリャーナ空港からブレッドへ 42
ブレッド観光 45
（ブレッド城） 45
（ブレッド島と聖マリア教会） 54
（チトー大統領の別荘） 58
ポストイナ鍾乳洞 59
シュコツィヤン鍾乳洞 67
リュブリャーナ 68
（リュブリャーナ城） 70
（リュブリャーナの散策） 73
スロベニア、クロアチアとユーゴスラビアの歴史 76
（ローマ帝国時代から南スラブ人の移住） 77
（ハプスブルク支配のスロベニア） 79
（クロアチア） 80
（中世クロアチア王国とハンガリーの支配） 80
（オスマン帝国、ヴェネチア、ハプスブルクの支配） 82
（オーストリア＝ハンガリー帝国） 85
（セルビア王国） 87
（サラエボ事件から第一次世界大戦へ） 88

（ユーゴスラビア王国からユーゴスラビア連邦共和国へ） 89
（ユーゴスラビアの解体と内戦） 92
（スロベニアとクロアチアの独立） 94

中央クロアチアとイストラ半島 …… 97

スロベニアからクロアチアへ 98
ザグレブ 99
（聖母マリア大聖堂） 101
（ドラツ市場とその周辺） 104
（石の門と礼拝堂） 105
（聖マルコ教会と広場、国会議事堂） 106
（イエラチッチ広場） 109
（クロアチア発祥、ネクタイの話） 110
リエカ 111
オパティア 115
イストラ半島 118
ポレチュ 119
ロヴィニ 126
（ロヴィニ観光） 127
（聖エウフェミア教会） 129
プーラ 133
プリトヴィツェ 135
（プリトヴィツェへのルート） 135

（プリトヴィツェ湖群） 137
（プリトヴィツェ湖畔散策） 143

ダルマチア（クロアチア）……………… 151

（ダルマチアとダルメシアン） 152
（クルカ国立公園） 152
シベニク 153
トロギール 156
（トロギールの観光） 158
（聖ロヴロ大聖堂） 159
スプリット 164
（ディオクレティアヌス帝とローマ帝国） 164
（ディオクレティアヌス帝の宮殿、旧市街観光） 167
（クラパ） 174
（サロナのローマ遺跡） 175
スプリットからドブロヴニクへ 176
（ボスニア・ヘルツェゴビナのネウムを通る） 176
（ストン） 178
ドブロヴニク 179
（ドブロヴニク橋） 179
（スルジ山の展望台） 180
（ドブロヴニクの歴史） 181

（ピレ門と聖ヴラホ） 184
（フランシスコ会修道院と救世主教会） 185
（オノフリオの噴水） 187
（プラツァ通りからルジャ広場へ） 188
（大聖堂） 191
（ドブロヴニクの城壁） 192
（ドブロヴニクのフリータイム） 194
ダルマチアのその他の町と島 195
（ザダル） 195
（オミシュ、マカルスカ） 196
（フヴァール島） 197
（コルチュラ島） 199

モンテネグロ、ボスニア・ヘルツェゴビナ……………… 201

モンテネグロ 202
（ドブロヴニクからコトルへ） 202
（コトルの散策） 205
ボスニア・ヘルツェゴビナ 209
（モスタル） 209
（ボスニア・ヘルツェゴビナの歴史） 215
（サラエボ事件） 217
（ボスニア・ヘルツェゴビナの内戦） 220
（サラエボ） 222
（ドリナの橋） 223

スロベニア

ポストイナ鍾乳洞

この章で紹介する世界遺産
・シュコツィヤン鍾乳洞（1986年）

リュブリャーナ空港からブレッドへ

日本からスロベニアやクロアチアへの直行便はないので、必ずどこかヨーロッパの空港で乗り継いで行くことになる。今回は、関西空港からフィン・エアー（フィンランド航空）でヘルシンキを経由して、スロベニア（Slovenija）の首都リュブリャーナへと飛んだ。

リュブリャーナの空港は首都の空港ではあるが、荷物が出てくるターンテーブルが2つしかない、とても小さな空港だ。空港名は、リュブリャーナ・ヨゼ・プチニク空港。ヨゼ・プチニク（1932〜2003年）は、ユーゴスラビアからの独立を率いたスロベニアの政治家の名前である。

スロベニアは、2004年5月1日にEUに加盟、またシェンゲン協定にも加盟しているので、入国手続きはヘルシンキで済ませ、リュブリャーナでは入国審査はなかった。EUへの加盟はチェコやハンガリーと同時期であるが、スロベニアでは、2007年にユーロが導入された。また、2008年には、欧州連合の議長国を務めている。

税関を出ると、現地のアシスタントが出迎えてくれた。

スロベニア、クロアチアとも、日本語を話すガイドやアシスタントは非常に少ない。一度だけリュブリャーナの出迎えに日本人アシスタントが来てくれたが、今回は英語を話すスロベニア人だった。

今回のツアーで同行してくれたガイドは、すべて英語ガイドで、日本語が話せるガイドは一人もいなかった。ガイドが英語しか話せない場合、添乗員がすべて日本語に同時通訳することになるので、結構大変である。

リュブリャーナの市内観光は2日後なので、空港からバスに乗ると、北上してブレッド湖畔のホテルへと向かった。ブレッド（Bled）は、リュブリャーナの北西50キロほどのところにある。

出迎えてくれたアシスタントは、たまたまブレッドに住んでいるらしく、一緒にバスに乗ってホテルまで行ってくれた。明日のブレッド観光の時もガイドとして来てくれるらしい。

「スロベニアは、人口約２００万人。そのうち28万人が首都のリュブリャーナに住んでいます」と、ガイドが説明したので訳して案内した。

面積は２万平方キロ少々、四国と同じくらいの面積で、日本の18分の１くらいの広さである。そう考えると日本という国は結構大きな国なのである。

スロベニアでの公用語はスロベニア語である。日本は英語でジャパンと呼ばれるが、現地の言葉での国名はどうなのだろうか。日本語ではスロベニア、またはスロヴェニアと表記されるが、現地の発音は、「スロヴェニヤ」に近い。本書では、日本語で慣れているスロベニアということで統一しておくことにする。ちなみにクロアチアは、「フルヴァツカ（Hrvatska）」である。

旧ユーゴスラビアのセルビアやクロアチアと同じスラブ系の言語であり、クロアチア人とは意思の疎通ができるようであるが、多少の違いはあるようだ。アメリカ英語とイギリス英語の違いや、スペイン語と中南米のスペイン語の違いよりはもう少し違うような感じである。テレビではお互い字幕が出る。

同じスラブ系の言葉でも、チェコ語やスロバキア語とはもう少し違う。たとえて言うと、こちらはスペイン語とイタリア語の違いに似ているような感じだろうか。

スロベニア共和国は、1991年にユーゴスラビアから独立した。ユーゴスラビアについては、リュブリャーナからザグレブへと向かうときに詳しくお話ししたい。


空港はリュブリャーナの北26キロにあるので、ブレッドまで一時間もしないうちに到着した。

以前、オーストリアから陸路、バスでブレッドへ来たときは、国境から20分ちょっとで着いた。オーストリアのクラーゲンフルトからも近い。イタリアとも国境を接しているので、トリエステから入るツアーも見かける。

ホテルに着くと、駐車場にはイタリア、ドイツ、クロアチアのナンバープレートの車がとまっていた。

今日泊まるホテルはパーク・ホテルで、湖からすぐのところにある。ホテルのテラスから、聖マルティン教会（Sv. Martin）が見える。ホテル併設のカフェでは、ブレッド名物のクリームケーキを食べることもできる。ツ

断崖上のブレッド城と麓にある聖マルティン教会

アー参加者の中には、夜、さっそく食べに行った人もいたようだ。

ブレッド観光

（ブレッド城）

今回は、ブレッド湖畔のホテルに泊まったので、朝のツアー出発前に湖畔を散策した人も多かったようだ。このツアーは6月だったので日が長く、朝5時頃にはすでに明るくなっている。

朝、ホテルのロビーでガイドと待ち合わせて、ブレッドの観光が始まった。

「ドブロ・ユートロ」と、スロベニア語のあいさつ、「おはようございます」からスタートだ。この挨拶はクロアチア語でも共通なので、ツアー中ずっと使える。

まずは、バスでブレッド城（Blejski grad）へと上る。ブレッド城までは歩いて登ることもできる。

城は、湖を見下ろす高さ100メートルのところに位置する断崖の上に建っている。

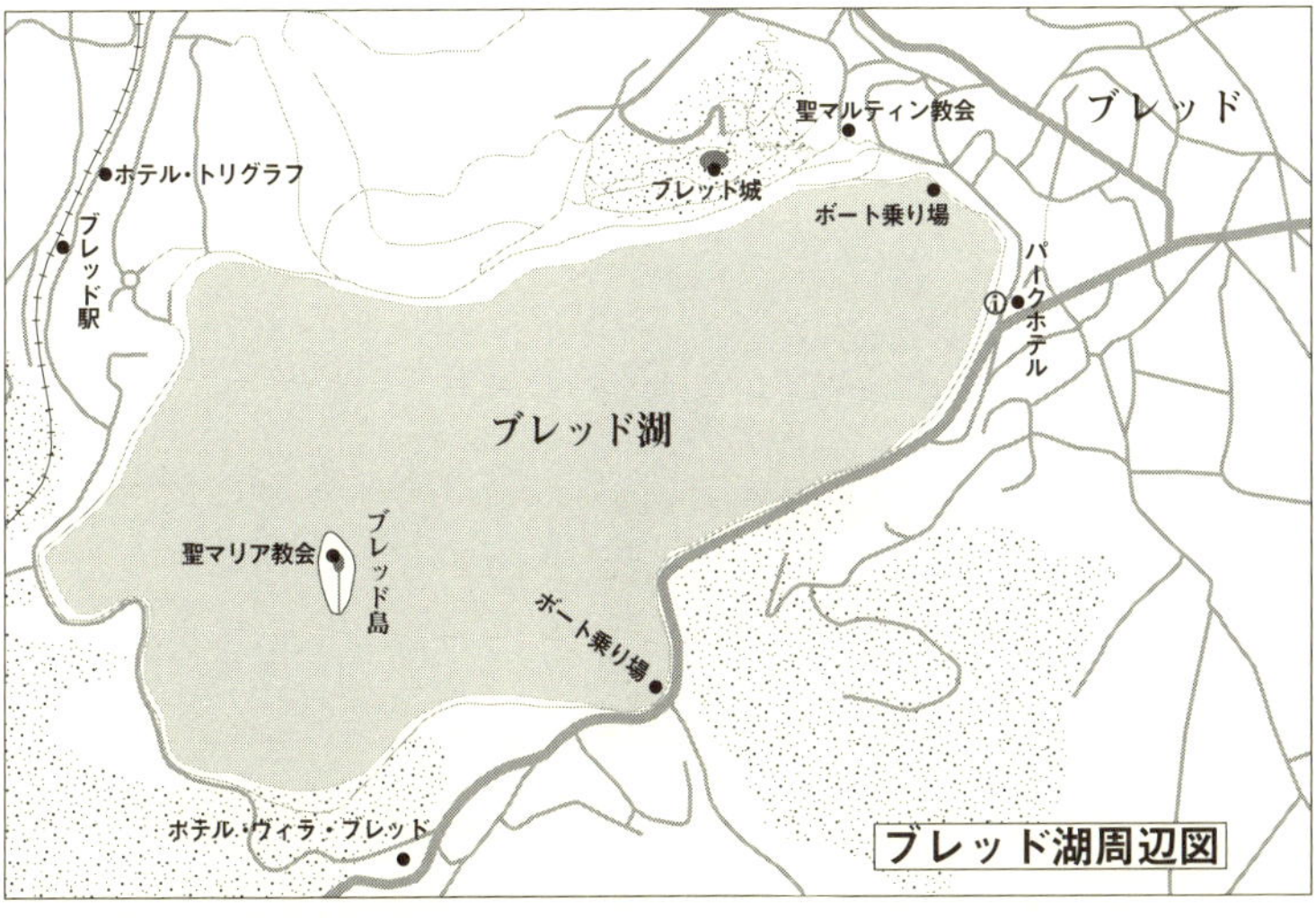

ブレッド湖周辺図

　駐車場でバスを降りてから歩く。城門の外側には、ＧＲＡＤ（グラード）と書かれている。スロベニア語などスラブ系の言葉で「城」を意味する。昔の城壁で囲まれた旧市街などを指すこともある。クロアチアでもこの看板はよく見かける。

　城門をくぐると石畳の急な上り坂がある。

「この坂道は石がはめ込まれています。上りは問題ないのですが、下りは滑りやすいので、必ず道のまん中を通ってください」とガイドが注意を促した。

　坂道を登ると、チケット売り場があり、もう一度門をくぐって城へと入る。入口でカメラマンが待ち構えていて、入場者の写真を一人一人撮った。

「写真は見学の後、この入口のところに張り出されますが、希望販売ですので、欲しい人だけ買うことができます」

　ブレッドは、８世紀にヨーロッパの広範囲を支配していたフランク王国に組み込まれていた。フランク王国は後にドイツ王国、そして10世紀には神聖ローマ帝国となり、その支配下に置かれることになる。

「ブレッド城は、１０１１年5月22日に、ドイツの皇帝（神聖ローマ皇帝）ヘンリック２世（ドイツ語ではハインリッヒ２世、在位１００２年から１０１４年）が、ブリクセンの司教にこの城を譲渡したのが始まりです」

　ブリクセン（イタリア語名：ブレッサローネ）は、神聖ローマ帝国内の

城門の手前にある GRAD の文字

聖職者の領邦で、現在は北イタリアの南チロルにその名前の町がある。

「当時は、塔と城壁のみでした。その後、建て増しされました。1278年にハプスブルク家の皇帝ルドルフ1世に割譲されました。ブレッドはナポレオン時代の1809年から16年までのわずかの期間を除いて、第一次世界大戦が終わる1918年まで、ずっとハプスブルク帝国領でした。このお城は、2つの中庭から構成されています。中庭は1階と2階に分かれています。今、下の中庭から入ってきましたが、階段を上がると上にも中庭があります」

城内には、上の階に博物館、礼拝堂、レストランがあり、下の階には印刷実演所、ワインセラーなどがある。

「一番古い部分はロマネスク様式の塔の部分です。中世の時代には、多くの塔がありましたが、1511年と1690年に地震があり、被害を受けました。そのあとは改築されました。もともと城の2階が住居で、1階が使用人たちの仕事場でした」

まず、活版印刷の実演を一緒に見学することになった。

ブレッド城には、グーテンベルクの活版印刷機を再現した印刷機での実演コーナーがある。

今では印刷は珍しいものではないが、ドイツのグーテンベルクによって15世紀に活版印刷が発明されるまでは、修道院の僧たちは手書きで「写本」

ブレッド城

を作っていた。

活版印刷は、グーテンベルクが1439年ごろ、ストラスブール（現フランス）で、ワイン絞り器を使って造ったのが始まりである。その後、16世紀に入ってからドイツではマルティン・ルターによる宗教改革が起こり、ギリシャ語からドイツ語に訳された聖書がたくさん印刷されることになる。

1558年からブリクセンの司教は、この城をオスマントルコと戦った将軍アウエルスペルグ男爵に貸していた。彼は、プロテスタントの後援者でもあった。

「1561年に、スロベニア人でプロテスタントの宗教改革者であるプリモジュ・トゥルーバーがブレッド城を訪れました」

彼は、スロベニアで生まれ、リエカやザルツブルク、トリエステ、ウィーンなどで宗教を学び、スロベニアへ戻ってからは副司祭となった。しかし、次第にプロテスタント寄りになってきたので、1547年に教会から破門され、プロテスタントの町ドイツのローテンブルクで暮らした。そこで、牧師をしながら、「カテチスムス」と「アベセダリウム」という2冊の本をスロベニア語で書いた。「アベセダ」とは英語の「ABCD」のことで、つまり、アベセダリウムとは、アルファベットのことである。1550年にドイツのテューービンゲンで印刷された。スロベニア語で印刷された初めての本である。後に、ルターの新約聖書をドイツ語からスロベニア語に翻訳した。そして全部で25冊から30冊くらいの本を書いた。現在のスロベニアの1ユーロ硬貨にはこの人物の肖像が浮彫にされている。

ここでは、活版印刷の実演を見せてくれる。ここへ来た記念に自分の名前を入れた証明書を発行してもらえる。印刷する紙の大きさや質によって値段が異なるが、一般的によく売れているのは、Ａ５サイズくらいの大きさのものらしい。この後のフリータイムで、今回のツアーに参加している新婚旅行のカップルが記念に作ってもらったようであった。

階段を上がった上の中庭にある博物館は、地域歴史博物館となっており、この周辺で発見された青銅器時代の骨や出土品が展示してある。

「入口のところにあるゆりかごは、19世紀のものです。エルカー（トナカイ）の骨もありますが、これは3世紀から5世紀のもので、この周辺で見つかったものかどうかわかりません」

ブレッドの地域は石器時代、青銅器時代を経て、紀元前１２００年頃からはイリュリア人が住んでいたといわれる。ユリウス・カエサルの後継者でローマ帝国のアウグストゥス皇帝は、ブレッドを含む「ノリクム」をローマ帝国の領土に組み入れた。

ユリウス・カエサルの名をとって、ブレッド近くの山脈をユリウスのアルプス（ユリアンアルプス）と名付けた。ローマ人は、すでにブレッド周辺の銅や金属を採掘して加工していたイリュリア人とケルト人に、銅の採掘と金属の加工を奨励し、居住の面倒を見た。

スラブ民族がこの地にやって来たのは、6、7世紀のことである。

上は博物館とレストラン

「クジャクの形の木彫りは大変小さいですが、６世紀のものです。生命と豊かさのシンボルとして、旧約聖書のエデンの園のような楽園の鳥とされています」

２階も展示室となっており、奥には昔のトイレまで残っている。

博物館というよりも、歴史展示場という感じのところで、ブレッドとその周辺の歴史を書いたパネルなども展示されている。


ブレッドの町は、１００4年4月10日に、ヘンリック皇帝がブリクセン司教アルブイン1世に譲渡したのが始まりと記述されている。

ハプスブルク家のルドルフ1世が皇帝となり、ボヘミア王オタカル2世にマルヒフェルトの戦いで勝利をおさめた１２７８年から、クラニスカ州（ドイツ語でクライン、イタリア語でカルニオラ）の城とブレッドの町はハプスブルクのものとなった。１８０６年までは、スロベニアの他の領地同様、神聖ローマ帝国に属していたが、ナポレオンの時代にはフランス領イリュリア州となり、ナポレオン失脚後はオーストリア帝国領となる。

「ここで使われたものではありませんが、ナポレオン時代の家具や中世時代の剣、銃器などが展示されています」

19世紀の中ごろ、ブリクセン司教は町の所有権を売った。１９１９年まで城と町は何度も所有者が変わった。

1855年から、スイス人の医者アルノルド・リクリのおかげでブレッドが脚光を浴びる。彼はセラピストでもあり、きれいな空気と太陽に肌を当てて治療するという自然療法をすすめた。そして、山に囲まれた美しいブレッドに、自然療法のためのプールや浴場つきの施設を建てた。リクリは、遊歩道、ハイキング道もつくり、自分の研究室を備えた病院を建てた。

ヨーロッパ中に、ブレッドのヒーリングパワーの話が広がり、人々は空気のいいブレッドに来て、健康的な休暇を過ごすことができた。

1901年のニューヨークタイムズには、「自然治療」というタイトルでブレッド湖が紹介された。1903年には、ウィーンのヒーリング地の国際フェアでブレッドが金メダルに輝いた。1906年には、オーストリア＝ハンガリー帝国の旅行先の人気ナンバーワンにもなった。

施設は第一次世界大戦の前まで続き、その後は放棄されてしまったが、今でもこの自然療法は受け継がれており、ハイキングや水浴を兼ねた健康イベントも時々開催されている。

歴史博物館の隣には小さな土産店もある。その前には礼拝堂もある。

「礼拝堂は16世紀に建てられ、17世紀に改築されて、内部の壁にフレスコ画が描かれました。12世紀の王様へンリック2世と王妃クニグンデの姿も残っています。祭壇の聖母マリアの像は、20世紀に作られた新しいものです。後ろにはバルコニーもありますが柵があります。皆様の中でローマのトレビの泉に行ったことのある方、いらっしゃいますか。コインを投げますね。このバルコニーにも同じようにコインを投げる人がいたので、閉鎖されてしまいました」

この城の一番の見どころは、何と言ってもこの庭のテラスからの眺めだ。今回も、中庭に到着するなり、上からの景色にみんな感嘆し、ガイドの説明はそっちのけで写真を撮っていた。

ブレッド湖と島、島の上の聖マリア教会を見下ろすことができ、天気がよければ本当に何時間でも眺めていたい景色だ。

「今日は天気がいいので、山々が見えますね。あちらに見えるのはカラバンケ山脈です。スロベニアとオーストリアにまたがる東西１２０キロにわたる長い花崗岩の山脈です。山の向こう側はオーストリアです。最高峰は、オーストリア側にあるホーホシュトゥール（スロベニア語ではヴェリキ・ストール）で、２２３６メートル。高い椅子という意味です。また、スロベニアとイタリアにまたがるのがユリアン・アルプスで、最高峰はスロベニア側にあり、２８６４メートルのトリグラフ山です。スロベニアの国旗には3つの頂を持つ山が描かれていて、国の紋章にもなっています。トリグラフというのは、3つの峰という意味です。また、ユーロの補助通貨50セントのデザインにもなっています」

スロベニアの主要な川は4つある。そのうちの2本は、ユリアン・アルプス山脈に源を発するソチャ川とサヴァ川である。他の2つは、ドラヴァ川とその支流のムーラ川である。このうち、ソチャ川だけはアドリア海へと注ぎ、他の川はすべて東へと流れて、クロアチアやセルビア方面へと続いている。

ブレッド城から聖マリア教会を見下ろす

見学の後、写真タイムとトイレタイムも含めてフリータイムを取った。

「今からフリータイムを取りますので、その後は各自バスへお戻りください」

ほかに、城内にはワインセラーやカフェ、レストランもある。

今回は先に城を見学した後、ボートでブレッド島へ渡ったが、先に島へ行くこともある。

バスで移動中にも、ガイドがブレッドの町を紹介してくれた。

「ブレッドの町には1万人くらいの人が住んでいます。バスで走っていると、庭つきの大きな家もたくさん見えますが、庭で果物を栽培している家もあります。リンゴの木や洋ナシが多いですね。洋ナシはブランデーや、テプカというデザートにも使われます。スロベニアの国の木は菩提樹です。煎じてお茶にして飲みます。レモンやはちみつを入れることもあります」

バスは、ブレッド駅の前を通った。とても小さな駅で、列車はめったに通らない。駅舎もとてもかわいい建物なので、ガイドに言われないと、これが駅だということに気づかない。

「この駅は１９０６年にここまで鉄道が敷かれたときにできました」

スロベニアの鉄道は、オーストリア帝国時代の１８４０年から首都ウィーンと交易港トリエステ（現イタリア）を結ぶために敷設された。その後、

スロベニア国章

ブレッド駅

第一次世界大戦までの間に多くの路線が開通した。駅には「Nadmorska visina 526（海抜526メートル）」という表示がある。駅の近くには1906年に建てられたホテル・トリグラフがある。

（ブレッド島と聖マリア教会）

ブレッド湖は氷河でできた湖で、東西2キロ（2120メートル）、南北1・38キロ、周囲6キロほどの湖である。ゆっくりと歩いても2、3時間あれば一周できる。湖岸沿いに遊歩道があるので、近くのホテルに宿泊した場合は、ぜひ、散歩に出かけてほしい。ブレッド城のある丘の上まで山道を登っても、片道15分から20分くらいでいける。

湖の東側から北側にかけてブレッドの町があり、ホテルやレストランが集中している。

ブレッドは教会や城が見どころとなっているが、湖畔の町を歩くのも楽しい。シーズン中は観光列車や馬車も走っている。

ブレッド島へ行くには、「プレタナ」と呼ばれるボートがでている。ボート乗り場は2、3か所あり、18人乗りの手漕ぎボートで、船頭さんが一人ついてくれる。

「今日は人数が多いので、2つのボートに分かれて乗りましょう」

湖の水は透きとおるように澄んでおり、魚の泳いでいる姿が見える。

手漕ぎボート「プレタナ」

環境保護のため、モーターボートの使用は禁止されている。

「観光客は手漕ぎボートですが、島に荷物を運ぶ時は手漕ぎでは大変なので、モーターボートを利用しています」

湖上からスロベニアの最高峰、２８６４メートルのトリグラフ山が見える。湖面から１００メートルの断崖の上に、先ほど見学したブレッド城が見える。

手漕ぎボートが島に着いた。

「バランスをとるために、一度に全員立たないでください。乗ったときと同じように一番奥の人から一人ずつ順番に降りてください」

ブレッド島には、聖マリア教会がある。

到着すると教会まで階段を上ることになるが、この階段は99段あるので、歩きやすい靴でくることをおすすめする。

聖マリア教会は、結婚式場としても人気がある。

「しかし、この教会で式を挙げるには、条件があります。花婿は花嫁を担いで99段の階段を上がることになっています」

だから、花婿は体力をつけ、花嫁は少しでも軽くなって負担を減らすように努力しなければならないといわれている。

「しかし、最近では『インチキ』をする人も多いですよ。階段の真ん中あた

島に着くと99段の階段を上る

りで、花婿が花嫁を抱えて写真だけ撮ったあとは、二人で手をつないで上がるカップルも多くなっています」とガイドが説明した。

先ほどガイドは99段と言ったが、ガイドブックには98段とも書いてある。しかし、実際には階段は100段ある。

「階段は100段ですが、1段は湖面の下にあり、もう一段は階段の一番下に敷かれている木と一緒になっていますので、歩くのは98段だけです」

階段を登り切ると、左手にカフェテリアと小さな土産店、トイレがある。教会前の庭には、マグダラのマリア像がある。

「教会は、すでに8世紀から9世紀にかけて、キリスト教会として建てられ、何度も修復されました。現在見ることができるのは、17世紀に建てられたバロック様式の教会です。1800年代に入ってから塔が建てられました。塔は52メートルの高さで、階段で上ることができます。ここでは、スラブ人がキリスト教化する前に崇拝していた異教の寺院の跡や墓地が、発掘されています」

教会は簡素なつくりで、あまり大きなものではない。

内部の主祭壇の天井からロープが下がっている。このロープを引っ張って鐘がなると願いが叶うと言われており、「望みの鐘」と呼ばれる。

聖マリア教会内部

「愛する夫を失った若い女性が、夫が生き返ることを願って湖の崖から湖にベルを投げました。しかし、夫は戻らず、女の人は修道女になりました。その当時のローマ法王がこの話を聞いて、すべての人の願いがかなうことを願って、教会に鐘楼を寄付しました。16世紀のことです」

16世紀といえば宗教改革の前後であるが、1世紀の間に法王になった人は10人くらいもいる。どの法王なのかガイドに聞いたが、文献のどこにも法王の名前は書かれていないらしい。

教会内の祭壇には、聖母マリアが座っている。その両脇には、11世紀のブレッドの領主であったヘンリック2世と妻クニグンデの肖像が飾られている。

ヘンリック2世（ハインリッヒ）は、ドイツのザクセン朝の皇帝であったが、クニグンデとの間に子供がいなかったため、ザクセン朝は断絶する。

「祭壇が造られたときはオーストリア領でした。主祭壇のマリア様はオーストリアのマリア・テレジアに似ているといわれています」

祭壇の反対側には、パイプオルガンもある。

ガイドの説明の後、希望者は主祭壇前にある「望みの鐘」を鳴らした。天井からぶら下がっているロープを思いっきり引っ張るとゴーンという音を立てるが、鐘は神社の鈴のようにすぐ上にあるわけではないので音は聞きづらい。ロープは結構重いので引っ張るには力がいる。人数の多いツアーや、先に大きな

ロープを強く引くと望みの鐘が鳴る

団体がいるときは、自分の番が来るまで時間がかかる。全員が鐘を鳴らした後、少しフリータイムをとった。

教会脇からの湖の眺めは絵のように美しい。塔に上ることもできるし、売店やカフェ、トイレもある。フリータイムの後、階段の下に集合して、ボートでブレッドの町へ戻った。

ブレッド湖は、競技ボートやカヌーでも有名なところで、世界ボート選手権が何度も開催されている。夏はリゾート、冬はウィンターリゾートとして多くの観光客が訪れる。

（チトー大統領の別荘）

ブレッド湖畔には、旧ユーゴスラビアの政治家、チトー（ヨシップ・ブロズ・チトー）の別荘だったところがあり、現在は「ホテル・ヴィラ・ブレッド」というホテル兼レストランとなっている。

チトーは、クロアチアの北西部ザゴリエ地方のクムロヴェツで1892年に生まれた。当時はオーストリア＝ハンガリー二重帝国の一部であった。父親はクロアチア人で母親はスロベニア人である。15歳の時から錠前屋の見習いとして働き、冶金工《やきんこう》の組合に加入してクロアチアとスラヴォニア（クロアチア北東地域）の社会民主党に加わる。その後、シベリア赤軍、ロシア共産党への参加を経て、1920年、28歳の時にユーゴスラビア共産党に参加し、金属労組書記として活動する。その後紆余曲折を経て、第二次世界大戦時に、ナチス・ドイツによるユーゴスラビア占領下でパルチザン部隊を組織、ナチスと戦った。戦後、正式に首相、国防相に就任、憲法が制定された1953年以降は大統領となった。

チトーは、ユーゴスラビアという多民族国家を一つの統一した国として作り上げ、リーダーとなった。1980年1月に黄疸のため左足を切断し、その後も多くの病が併発し、同年5月4日、88歳の誕生日を目前に死亡した。

チトーの死後、ユーゴスラビアという統一国家は崩壊し、1990年代には内戦を経て、それぞれの共和国が独立へと向かった。

ポストイナ鍾乳洞

ブレッドからポストイナ（Postojna）まで高速道路をバスで1時間20分くらい走る。高速道路を降りると5分くらいでヨーロッパ最大の鍾乳洞、ポストイナ鍾乳洞（Postojnska Jama）に到着した。

駐車場横の階段を少し上がったところに、チケット売り場がある。

これから洞窟の内部を見学するが、勝手に歩きまわることはできない。必ずガイドツアーに参加して、見学することになる。ガイドツアーは、英語をはじめ、ドイツ語、イタリア語、スペイン語などがある。英語のツアーは人数が多い。

ポストイナ鍾乳洞入口への階段

２０１２年６月より、日本語のオーディオガイドが導入されたので楽になった。それまでは、英語ガイドツアーに参加して、立ち止まったポイントのところだけ添乗員が簡単に通訳しなければならなかった。オーディオガイドを使って見学と言っても、勝手に観光することは出来ない。

「私たちのツアーは、日本語のオーディオガイドが付いていますので、『オーディオガイド専用』の係員についていくことになります。オーディオガイドは、チケット売り場のすぐ隣で借りられますので、そこで受け取ってください」

ちなみに、オーディオガイドは入場料とは別料金である（今回のツアーには全て含まれている）。

見学ツアーは１時間ごとに出発する。前もって予約を入れてあるので、その時間がくるまで外で待つ。チケット売り場と洞窟の入口の間には土産店やカフェがたくさんあり、トイレもある。

時間が来ると、チケットを改札口に通して入る。

各ポイントにはオーディオガイド用の番号札があるので、その番号を押すと、日本語の説明が聞こえる。複雑な操作はいらない。

「番号、０と１は、入口のところにあるので、入る前に０と１の案内を聞いておいてください。ポストイナの歴史や入るにあたっての注意事項などもここで案内があります」

鍾乳洞の中に入ったとたん、肌寒く感じる。洞窟内は、年間を通して８

右の建物の奥が鍾乳洞の入口

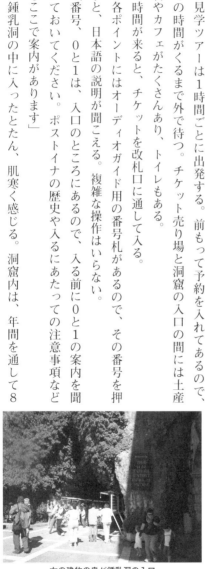

度から10度に保たれているので、夏でも涼しい、というよりも寒い。忘れずにジャケットを持参しよう。

中に入るとトロッコ列車に乗る。

トロッコ列車に乗るときに「2番」のオーディオ案内がある。トロッコ列車は洞窟内を2キロ、10分ほど走る。トロッコは、くねくねと折れ曲がった狭い洞窟の隙間を猛スピードで走り抜ける。ツアー参加者が言っていたが、映画「インディ・ジョーンズ　魔宮の伝説」に登場するトロッコに乗っているようで、本当にスリリングである。

トロッコが走っているときは、どんなに背の低い人でも絶対に立ち上がってはいけない。天井に頭をぶつけて大けがをすることになる。もちろんシートベルトなんてない。とにかくスピードが速いので、じっとしておこう。写真撮影も、一部を除いて禁止である。

このトロッコの線路は、1872年に敷設された。当時は手押し車で、ガイドがそれを押していた。松明やろうそく、オイルランプ、アセチレンランプなどが使われていたが、1884年に電気の照明に代わった。1914年に、エンジンで動くトラムが導入された。1967年には、複線化されている。

トロッコ列車を降りると、これから一時間以上、ガイドについて歩いて見学する。

洞窟内を疾走するトロッコ列車

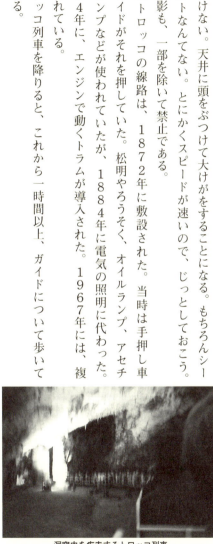

内部は薄暗く、床が濡れているところもある。ガイドによっては歩くのが速い人もいるので、滑って転ばないよう、気をつけて歩かなければならない。

オーディオガイドの人は専用のツアーに、英語ガイドが希望の人は「English」と書かれたところに集まる。

これからツアーが始まる。オーディオガイドの番号は、3番から20番まであるので、番号の立札が見えてきたら番号を押すと説明が聞ける。

オーディオガイドの案内人が英語で注意をうながした。

「写真撮影は禁止です。洞窟内のもの（鍾乳石）には触れないでください」

ポストイナ鍾乳洞は、ポストイナとイタリアのトリエステの間に広がるカルスト地形、つまり、石灰岩からなる台地である。この地方は、石灰岩層が厚く積もっているので、石灰岩の主成分である炭酸カルシウムが炭酸ガスを含んだ雨水や地下水に溶けて鍾乳洞をつくった。

スロベニア全体には、5千から6千の地下空洞があり、スロベニア西南部に広がる石灰岩台地のカルスト地方に特に多い。

全世界で使われている「カルスト（ドイツ語：Karst）」という地質学用語も、スロベニアのクラス（Kras）地方の名称が語源となっている。

カルスト台地に降った雨は、地面から空洞の多い石灰岩質の地下に染み込み、洞窟の天井に達する。そして、炭酸カルシウムを含んだ水滴が天井から床へとしたたり落ちる。天井から、つららのように石灰岩が成長したものが、鍾乳石（Stalactites）と言われるものである。そして、床に落ちたしずくが結晶化され、床からタケノコのように石灰岩がニョキニョキと成長していく。これを石の筍《たけのこ》と書いて、石筍《せきじゅん》（Stalagmites）と呼んでいる。

長い年月をかけてそれらは成長し、鍾乳石と石筍がつながって、石柱となる。１００年かけてやっと1センチくらい伸びるという気の遠くなるような長い時間がかかる。つまり、洞窟内で見られる巨大な石柱というのは、50万年以上もの年月をかけて形作られたものなのである。10年で1ミリ程度、１００年で1センチ、１０００年で10センチ、1万年でようやく1メートル、10万年で10メートルほどといわれる。さわると黒くなるので、絶対に触れてはいけない。

ポストイナは、世界でも最大規模を誇る鍾乳洞の一つである。

世界の大きな鍾乳洞は、他に、ベトナムのソンド洞窟や、アメリカのマンモス洞などがある。

ポストイナ鍾乳洞は、長さが27キロある。そのうちの5分の1ほど、5・2キロまでが公開されている。入口から2キロをトロッコ列車で走り、1キロ少々を歩く。そして最後にまた2キロほどトロッコ列車に乗って戻る。所要2時間弱である。

列車で通り抜ける最初の部分は、オールドケーヴ（古い洞窟）と呼ばれるところで、これは１８１８年に、ルカ・チェー

ブリリアントと呼ばれる石筍

チという地元の人によって初めて発見された部分である。

彼は偶然、穴に落ちた時に発見した。その後、地元の洞窟探検家や専門家によって多くの地下道が発見された。

鍾乳洞は、原始時代から利用されてきた。13世紀にはすでに人々が洞窟を訪れていたらしい。今では、毎年50万人の観光客がここを訪れる。１９８０年代には90万人を超えたこともあった。

洞窟内で、考古学者たちによって発見された石器道具から、５万年以上前に、原始人や動物が訪れていたこともわかった。昔は洞熊もいたらしいが、絶滅してしまったらしく、それらの動物の骨がたくさん発見された。

ポストイナ鍾乳洞は、７０００万年前の海で生じた石灰岩で形成された。

表層の川は、石灰岩の中に消え、北部のパンノニア海の地下を流れ出た。地下の流れは三層の地下道を造った。

最上層は、最も古い地下道で、乾いた地下道となっている。

中間層は、洞窟内で最も広いところで、１５０万年前の氷河時代初期に当時のピウカ（川の名前）によってくりぬかれた。

下は、15から20メートル下で、ピウカ川によって形成される浸水した地下道で、このピウカ川は、鍾乳洞の中に下っていく。

洞内は、様々な色や形の鍾乳石や石筍、流れ石が形成され、見られる。

上からは鍾乳石、下からは石筍が成長し、つながって石柱となるが、成長段階の形によっていろいろな名前がつけられている。ラクダ、オウム、小人、フクロウ、オンドリなどの動物や、細い石柱がたくさん並んでいる「ストロー」や「スパゲティー」「カーテン」などと呼ばれているところもある。

色は、雨水が表面から運ぶ様々な混合物によって影響され、赤はカルスト粘土から、黒はマンガン酸化物から成る。

洞窟内で一番高いところは、「ヴェリカ・ゴラ」といわれているところで、入口よりも40メートル高く、天井までの高さは50メートルある。「ヴェリカ」は「大きい、高い」「ゴラ」は「山」という意味である。

見学中に渡る橋は、「ロシア橋」と呼ばれている。第一次世界大戦で捕虜となったロシア兵たちによって造られたので、そう呼んでいる。10メートルの高さがある。

ロシア橋を渡ったところに、「レペ・ヤメ」（美しい洞窟）と呼ばれるところがある。全長500メートルの地下道で、「白いホール」「赤いホール」「小さなチューブのホール」などと呼ばれる石筍でできたホールのようになっていて、とても美しい。

レペ・ヤメから全長約100メートルの人工地下道を通り、ロシア回廊に進む。1944年、スロベニアのパルチザン軍がこの地下道を通って入

ロシア橋を下から見上げる

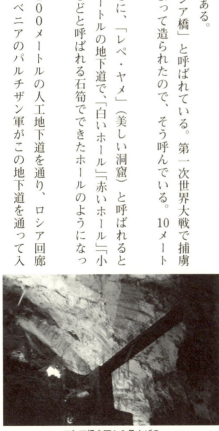

口近くのドイツ占領軍の石油備蓄庫に火をつけ、ロシア回廊を通って地上へ戻った。

ロシア回廊から出ると、観光コースで一番低い地点に到着する。入口よりも20メートル低く、地上より100メートル深くなっている。ここは、スパゲティーホールの下にあたる。

ポストイナには、今でも珍しい生物が生息している。

プロテウス・アンギヌス（Proteus anguinus）という学名の両生類で、日本語では、「ホライモリ」「類人魚」「人間魚」などと訳されている。肌の色が人間の肌に似ているかららしい。とてもめずらしい生物で、目はすっかり退化して盲目であり、エラ呼吸と肺呼吸を使い分け、一年近く何も食べずに生きていける。寿命は80年から100年らしい。このディナール山脈のカルストを流れる地下水にしか生息していない。

希少価値があるので、水槽で保護されている。水槽はとても暗い所にあるので、ホライモリが見えにくいこともある。

他に、バッタ類、クモ、ザリガニ、ムカデなども生息しているらしいが、まだ見たことがない。

「ブリリアント」（輝き）といわれる美しい鍾乳石を通過し、トロッコを降りた駅を通過すると、「コンサートホール」と呼ばれるポストイナで一番大きな空間がある。高さ40メートル、面積300平方メートルあり、1万人を収容できる。音響効果もいいので、6秒ほどの残響があり、時々クラシックのコンサートが開催される。このコンサートホールだけは写真撮影が許されている。土産店やトイレもある。

ツアーはここで終わり、ここからまたトロッコ列車に乗って、出口へと向かう。鍾乳洞のガイドは念のために、観光客全員がトロッコに乗ったことを確認してから戻るらしいので、添乗員や他のツアー参加者とはぐれてしまっても、あわてずにとにかくトロッコへ乗って戻ろう。オーディオガイドは、出口でガイドが回収する。オーディオガイドの返却を忘れて外に出ようとすると、大きな音が響く。

出口では、入るときに撮られた写真も販売している。

シュコツィヤン鍾乳洞

スロベニアには世界遺産が3か所あるが、日本からのツアーではあまり訪れないところが多い。その中でも比較的知られているのは、「シュコツィヤン鍾乳洞（Škocjanske jame）」であろう。

今回のツアーではシュコツィヤン鍾乳洞には行かなかったが、ポストイナの南西、コペル方面に向かう途中にある。ポストイナ鍾乳洞と同様、カルスト地形となっている。

長さ5キロ、幅230メートルで、ポストイナより規模は小さいが、歴史は古く、紀元前3000年から人が住んでいたといわれ、周辺からは多くの考古学的な出土品が発掘されている。

ポストイナ同様、見学はツアーに参加のみであるが、こちらは日本人が少ないので音声ガイドはない。

コンサートホールと呼ばれる広い空間

英語のガイドについていくことになる。

洞窟の底にはレカ川が流れている。「レカ（Reka）」とは、「川」という意味である（クロアチア語ではリエカ Rijeka）。

コースは2コースあり、その一つは4月から10月までのみである。地上からレカ川が流れる底までは160メートルほどあり、レカ川に沿って歩いて見学する。

ポストイナのようにトロッコ列車のようなものはなく、ずっと歩いての見学となる。レカ川にかかる高さ45メートルの吊り橋を渡るなど、結構スリルがある。階段があり、上り下りが多いので、かなり体力がいるようだ。底から地上へ戻るときは、エレベーターがある。

洞窟内をレカ川が流れるシュコツィヤン鍾乳洞

リュブリャーナ

リュブリャーナ（Ljubljana）は、ブレッドとポストイナの間、ややポストイナ寄りにある。この後ザグレブに行くツアーでは、ブレッド、ポストイナのあとにリュブリャーナを観光してそのままザグレブへ行くコースも多い。

また、短いツアーだと、首都のリュブリャーナやザグレブに行かないコースも多い。

半日もあれば一通り歩いて見て回れそうな、首都にしてはとても小さな、そしてきれいな町である。リュブリャーナは、長い間ハプスブルク家が支配する領域の一部であったため、オーストリアの町のような雰囲気がある。住民が話す言葉は違うが、ザルツブルクやグラーツが思い起こされる。

　市街地には、東西にリュブリャニッツァ川が流れており、川の南側の城のある側が旧市街、北側が新市街となっている。ローマ時代にこの場所に軍営地を設置し、城壁も造られた。ローマ時代の城壁の一部が町の南側に遺跡として少し残っている。当時はエモナ（Emona）と呼ばれ、5000人から6000人が暮らしていた。主に商人、金細工師と老兵士だった。レンガ造りの家には暖房や下水道設備もあり、壁や床は絵やモザイクで飾られていた。エモナは452年にアッティラ大王率いるフン族によって、またその後は東ゴート族、ロンゴバルト族によって滅ぼされてしまう。

　6世紀から、スラブ系のスロベニア人が定住した。

　8世紀の半ばにはフランク王国の支配下に置かれ、10世紀

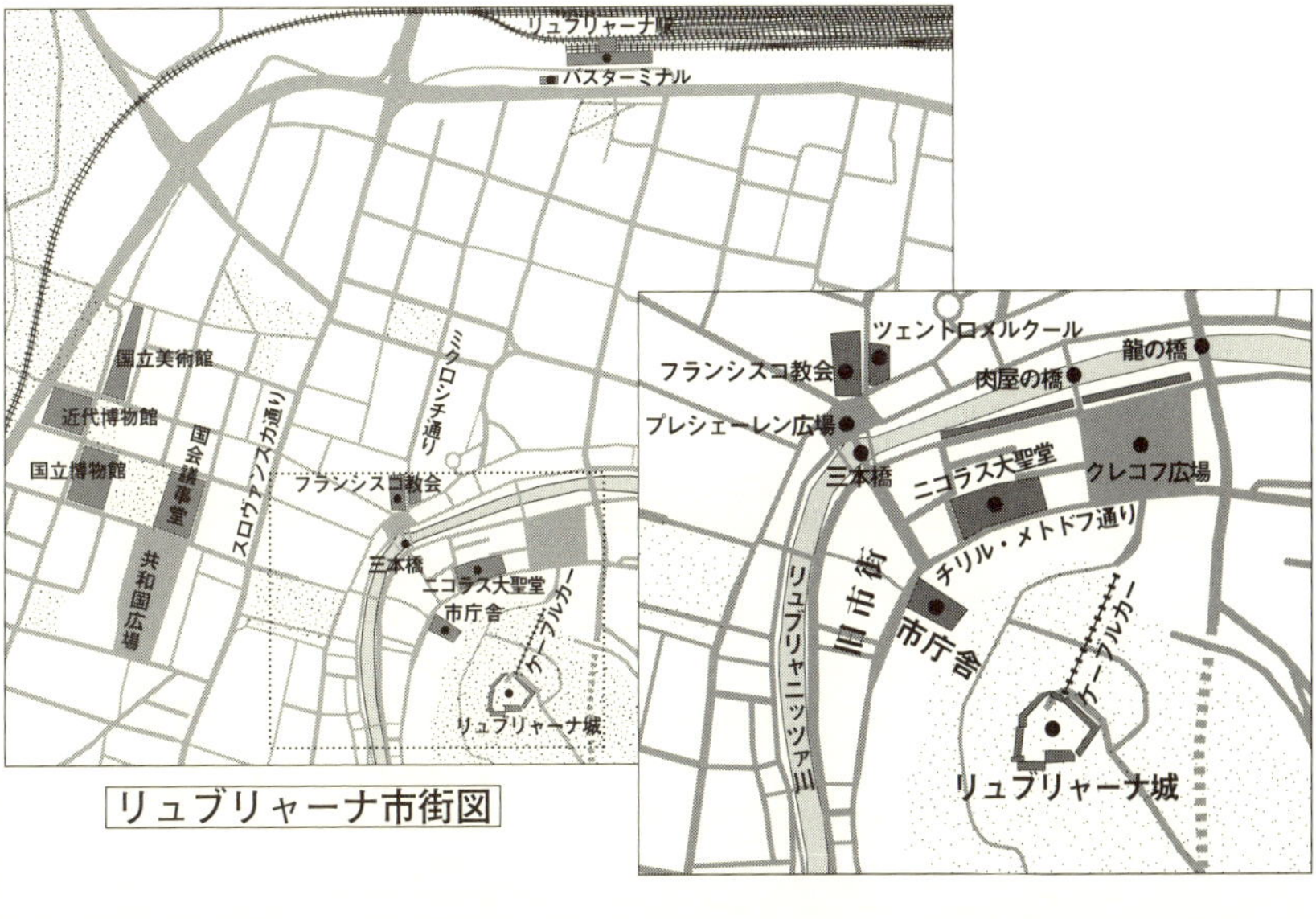

リュブリャーナ市街図

には神聖ローマ帝国を構成するカランタニア（ケルンテン）公国領となる。13世紀には、神聖ローマ皇帝をハプスブルク家が世襲し始めるが、リュブリャーナもハプスブルグ家の直轄領となる。

ナポレオン時代の1809年から1813年までの5年間はイリュリア州の州都となったが、神聖ローマ帝国が解体されてオーストリア帝国と名を改めた後も、第一次世界大戦が終わる1918年まではオーストリア領であった（ドイツ語でライバッハと呼ばれた）。

リュブリャーナという町名の由来はいくつかの説がある。スラブ語の古い町「ラブルス」からきたという説、あるいは、洪水が町に起こったことに関連付けたラテン語の洪水「アルヴィアナ」からという説などだ。

リュブリャーナでは、バスでの観光はほとんどなく、ケーブルカーで城へと上って見学し、そのあとは町を歩いて散策する。

（リュブリャーナ城）

ケーブルカー乗り場の近くで現地のガイドと待ち合わせてバスを下車、ケーブルカーでリュブリャーナ城へと上った。ケーブルカーは単線でガラス張りになっている。

「このケーブルカーは2006年12月に開通しました。それまではずっと歩いて登っていました」

リュブリャーナ城に上るケーブルカー

ケーブルカー乗り場の少し西よりに道があるので、もし、個人旅行で時間があれば、歩いて登るのも悪くない。

リュブリャーナ城は、海抜３７６メートルの地点にある。考古学調査に基づくと、紀元前１２００年ごろからこの辺りは居住地とされ、イリュリア人やケルト人が造った要塞をローマの兵士が本拠地にしたとされる。

１１４４年に、ドイツの貴族スパンハイム家が城を建設した。スパンハイム家は１１２２年から１２６９年までカランタニア公であった。城は１３３５年にハプスブルク家の所有となった。

その後、城の大部分が壊されて、１４８５年から９５年にかけて再建された。礼拝堂も建てられ、１４８９年に聖別（聖なる建物として崇められる）された。ゴシック様式で、４つの窓があり、貴族たちはバルコニーからミサを聞いた。１７４７年に、町の君主たちの60の紋章がフレスコ画で内部の天井や壁に描かれた。天井には、ハプスブルクの紋章である双頭の鷲の紋章も見られる。

城は、16世紀から17世紀にかけて、小作農の反乱とともに、オスマン帝国の侵入を防ぐために強化された。

17世紀から18世紀にかけては、武器庫や軍事病院となった。

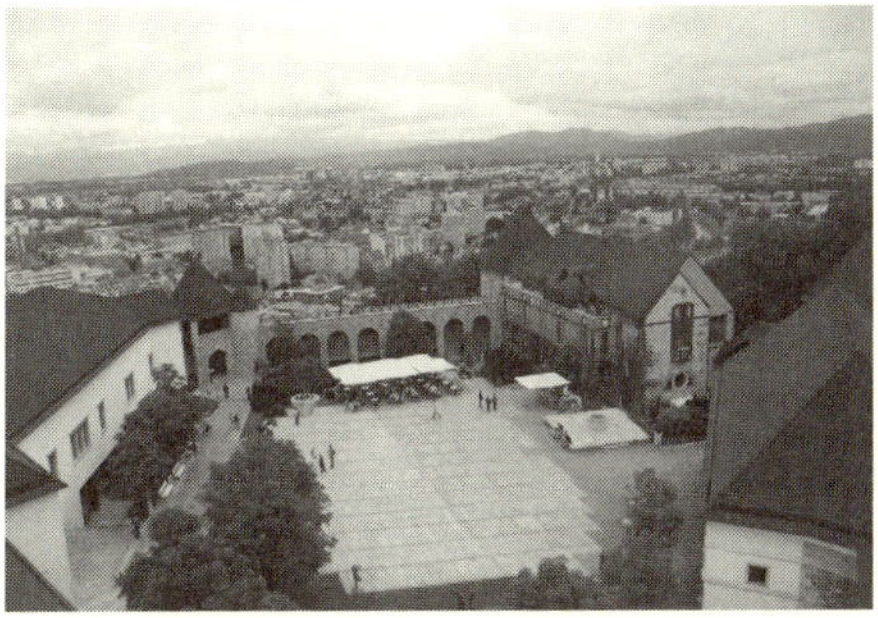

リュブリャーナ城

ナポレオン時代には一度損傷を受けた。

君主が住むための城ではなかったので、要塞としての役割を失うと城としての重要性がなくなった。維持費がかかるため放棄され古寂びれた。そのため、オーストリア帝国時代には、一部は牢獄に、一部は軍事要塞として改築された。1848年には見張りの塔が建てられた。警備の人が住み込み、火事や事件が起こった時に大砲を発射して町に知らせるために使われた。

牢獄に入った有名人では、スロベニアの作家イヴァン・ツァンカル（1876~1918年）がいる。ユーゴの社会民主党の党員でもあった彼は講演活動を続けたが、オーストリア=ハンガリー帝国に対する体制批判とみなされた。

城は1905年にリュブリャーナ市が買い取った。当時の市長イヴァン・フリヴァールは、市の博物館にしようと考えたが、1895年の大地震によって住む家を失くした人の居住場所として使われた。

1960年代から35年かけて、長い修復工事が行われた。

1990年代になってようやく、結婚式や文化イベントなどを行うことができるようになった。

城は中庭を取り囲むように地下牢、礼拝堂、見張りの塔、五角形の塔や、カフェテリア、レストラン、土産物店、案内所、展望テラスや結婚式ホール（地階はミニシアター）などがある。

見張りの塔の上から見えるサビーニャ・アルプス

「見張りの塔に上るには有料で１００段以上の階段があります。これからフリータイムを取りますので、ケーブルカー乗り場に集合してください」

ケーブルカー乗り場の上にある展望テラスからでも景色が見渡せる。「屋根が茶色で統一されていてきれい」との声が周辺から聞こえてくる。天気がよければサビーニャ・アルプス（Savinja Alps）の山並みが見える。

（リュブリャーナの散策）

ケーブルカーで城を降りるとすぐ近くの広場に青空市場が出ていた。ツアーが始まって最初の朝市にツアー参加者はみんな喜んでいたが、青空市場には、この後回るクロアチアでも何度も出くわすことになる。

青空市のある広場から西へ、大聖堂のあるチリル・メトドフ通り（Ciril-Metodov Trg）を歩きながら見学する。最初に、緑のクーポラと双子の塔を持つ「ニコラス大聖堂」が見える。

「この教会は最初、１２６２年にロマネスク様式の教会として建てられました。しかし、１３６１年に火事で焼け落ちてしまいました。その後、ゴシック様式で再建されました。１４６１年にカトリックの司教区となり、大聖堂（司教座聖堂）となりました。しかし、再び火災で焼けたので、18世紀にバロック様式で再建されました」

今見られるのは、その18世紀のバロック建築の大聖堂である。１７０１年から１７０６年にかけて、

ニコラス大聖堂

イエズス会のイタリア人建築家アンドレア・ポッツォによって設計された。両翼に2つの礼拝堂を持つラテン十字型の教会である。

内部のフレスコ画は、ジュリオ・クアッリオによってやはり18世紀に描かれた。主祭壇に、キリストを抱くマリア像があり、モダンなステンドグラスも美しい。1740年に造られたパイプオルガンもある。クーポラは、教会の真ん中に1841年に建設された。

今度は左手に「市庁舎」が見えてくる。

「この建物は15世紀の建築で、ホールにはヘラクレスの像があります。ホールの中庭には17世紀の井戸があります。中庭の奥には自分の顔に見とれたという話で有名なナルシスの18世紀に造られた噴水もあります」

中庭の壁には、17世紀のリュブリャーナの地図がある。

この通りには、1751年に造られたバロック様式の大理石の噴水とオベリスクがある。

市庁舎のところで右に曲がり、町のシンボルでもある、リュブリャニッツァ川にかかる「三本橋」に到着した。橋のそばは、川沿いに回廊となっており、

市庁舎の中庭壁面に描かれたリュブリャーナの地図

リュブリャーナ市庁舎

食料品店が並んでいる。地下には魚市場がある。

「3本の橋はトロモストヴィエと呼んでいます。ここにはかつて木造の橋がありましたが、1842年に石造になり、1932年にヨジェ・プレチニックという建築家によって造りかえられました」

新市街のほうへと向かって扇状に開くような形で橋が架けられていて、とても美しい。

ヨジェ・プレチニック（1872年~1957年）はチェコのプラハ城の修復を行った建築家でもある。プラハやウィーンでも活躍した後、故郷のリュブリャーナへ戻って、多くの建築物を残した。

橋を渡ったところは、「プレシェーレン広場」と呼ばれる。

「プレシェーレン（1800~1849年）は、スロベニアの詩人の名前です。19世紀の詩人で、国歌を作詞した人でもあります。国民的詩人とされ、かつてのスロベニアの通貨1000トラール札の肖像画の人でもありました。今は、2ユーロの肖像の人です」

広場には、プレシェーレンの像が立つ。

彼の詩「祝杯（Zdravljica）」は8番まであるが、7番が国歌となっている。

「明るい日を待ち望むすべての国の人々に、神の祝福を。この世から戦や争いがなくなり、すべての人が自由で、もはや敵ではなく隣人となるよう望む人々へ」という内容である。1991年の独立後、国歌の歌詞となった。

広場に面して建つピンク色の建物は、フランシスコ教会というカトリック

三本橋と橋の向こうに見えるフランシスコ教会

教会で、17世紀のバロック建築である。この辺りは町の繁華街で、多くの商店やレストランなどが並ぶ、賑やかな通りだ。

この後昼食まで1時間ほどあったので、少しフリータイムを取った。

フランシスコ教会から、駅方面へと続くミクロシチ通り（Miklošičeva cesta）を挟んで右手のアールヌーボーの建物の中に、1903年にオープンした町で一番古いデパート「ツェントロメルクール（Centromerkur）」がある。建物の上にはメルクール（マーキュリー）の像がある。

三本橋の東側、ちょうど青空市場の前に肉屋の橋、そのまた東側に龍の橋（Zmajski most）がある。龍の橋もヨジェ・プレチニックによって1900年から1901年にかけて造られた。橋の欄干には、市の紋章である龍が立っている。これは、ユーリ・ザニノヴィッチによってデザインされた。

龍の橋

スロベニア、クロアチアとユーゴスラビアの歴史

1991年6月、スロベニアとクロアチアは、「ユーゴスラビア」から独立を宣言し、翌年1992年1月に承認された。「ユーゴ」はスラブ語で「南」という意味で、「ユーゴスラビア」とは、南スラブ人の国という意味である。

「ユーゴスラビア」という国が誕生したのは、1918年と1945年の二度である。

1918年に最初に誕生した時には、「セルビア人、クロアチア人、スロベニア人の王国」という、セルビア王国を中心とする国であった。しかし、1941年に一度消滅し、第二次世界大戦後の1945年11月に連合国家として再建された。

今回のツアーではセルビアには行かないが、ユーゴスラビアの首都ベオグラードのあるセルビアのことも交えてお話ししたい。


（ローマ帝国時代から南スラブ人の移住）


古代にまで遡《さかのぼ》ると、この地域にはイリュリア人、ケルト人、ギリシャ人が住んでいた。そこへローマ人が侵入して居住した。

ローマ帝国時代には、現在のスロベニアはノリクム州に属していた。また、クロアチアの北部は、パンノニア州に属し、アドリア海沿岸は、ダルマチア州に属した。

この後ご案内するクロアチアの「プーラ」には、ローマのコロッセオのような円形闘技場が残っており、また「スプリット」には、ディオクレティアヌス帝の宮殿が残されている。
3、4世紀のローマ皇帝ディオクレティアヌスは、このダルマチアで生まれ亡くなった。
彼はローマ帝国を4分割し、それぞれに正帝と副帝を置いて4人で統治することにした。ディオクレティアヌス帝は305年に退位し、311年に死亡するとローマ帝国は再び混乱する。

３９５年、テオドシウス帝は死に際して帝国を東西に分け与え、二人の息子に分割統治させた。

ローマ帝国は東と西に完全に分断され、それ以降、再び統一されることはなかった。その時の境界線というのが、旧ユーゴスラビアの真ん中を通っており、クロアチア、ボスニアとセルビア、モンテネグロの国境とほぼ重なっている（後に西側はカトリック、東側は正教を受け入れることになる）。

４７６年に西ローマ帝国が滅亡すると、ゴート族やロンゴバルト族などのゲルマン民族がこの地に侵入する。ゲルマン民族が移動すると同時に、カルパチア山脈（ポーランドとスロバキアの境界からルーマニアの中部まで連なる山脈）の北で生活をしていたスラブ人も西南へと移動を開始した。

「スラブ人」と呼ばれる人たちには3つのグループがある。

ロシア人、ウクライナ人、ベラルーシ人の東スラブ人、チェコ人、スロバキア人、ポーランド人は西スラブ人、そして、パンノニア（ハンガリーからクロアチア北部の大平原）方面からバルカン半島へと移動してきたのが、スロベニア人、クロアチア人、セルビア人、モンテネグロ人、マケドニア人と、ブルガリア人で、南スラブ人と呼ばれている。このうち、ブルガリア以外の民族が後にユーゴスラビアを結成することになる。

南スラブ人はバルカン半島に6世紀の末から7世紀にかけて移動し、それぞれの地域に定着した。

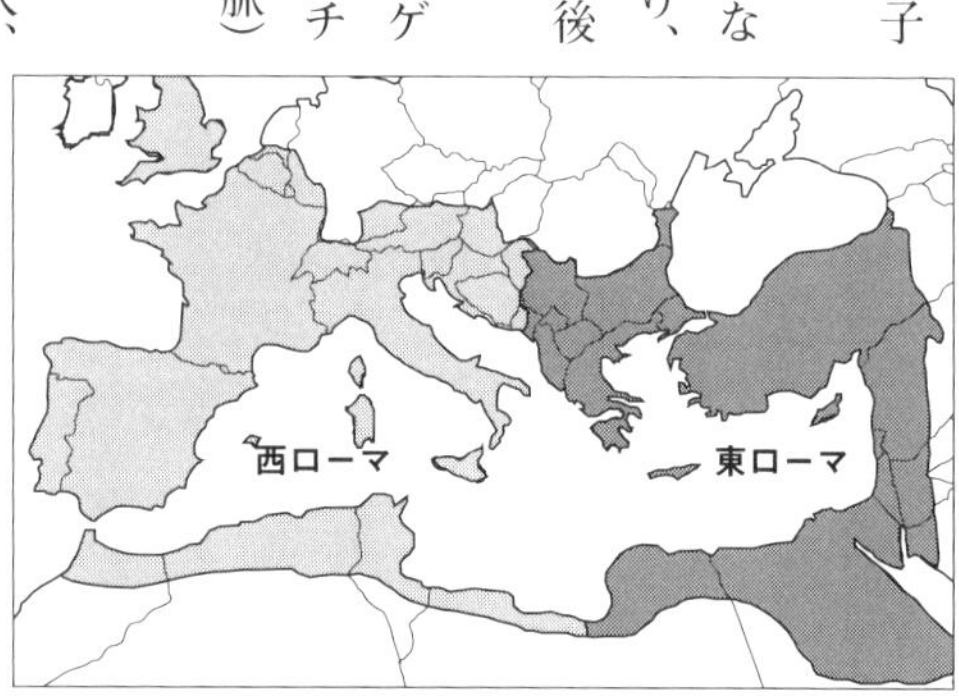

395年以降のローマ帝国

当時はビザンチン帝国の支配下であったが、後に一部は独立して、王国を築いていく。

（ハプスブルク支配のスロベニア）

南スラブ人のうちスロベニア人は、サヴァ川の北側に定住した。8世紀にはフランク王国に支配され、その後10世紀には神聖ローマ帝国（現在のドイツの前身）の支配下となる。

神聖ローマ帝国支配下のスロベニアは、近代まで一度も自らの国家を形成することはなかった。神聖ローマ帝国は、13世紀に初めてハプスブルク家から皇帝が選ばれることになるが、その後は、１２７８年から１９１８年まで、オーストリアのハプスブルク家が領有した。

つまり、スロベニアの地は、東フランク王国、それを引きついだ神聖ローマ帝国、さらにそれを引き継いだハプスブルク家オーストリアと、千二百年以上に亘ってドイツ系王国の領土だったのだ。旧ユーゴスラビアの他の国と比べてスロベニアが西欧的な雰囲気を感じさせるのは、長い間、西欧の一部であったからなのである。

ハプスブルク家の支配下でもスロベニア語の使用が認められ、民族性は保つことができた。

それは、中世にスロベニア人のカトリック聖職者が活躍したことや、また16世紀の宗教改革時にカ

カール大帝時代（８世紀）のフランク王国

トリック司祭によってスロベニア語の使用が奨励されたためだといわれている。

（クロアチア）

クロアチア人は、ドラヴァ川周辺からアドリア海沿岸にかけて定住した。また、現在のボスニア・ヘルツェゴビナの辺りにも定住した。

セルビア人は、クロアチア人の東側地域一帯に定住した。その境界線が、かつての東西ローマ帝国の境界線とほぼ同じで、西側に定住したスロベニア人とクロアチア人は後にカトリックを受けいれ、セルビア人は正教徒となった。

異なる文化、宗教を受けつぐ中で、クロアチアとセルビアは共に中世にはそれぞれ王国を築くことになる。

（中世クロアチア王国とハンガリーの支配）

クロアチアは、ローマ帝国時代の州境の影響で、北部のパンノニアとアドリア海沿岸のダルマチアとに分かれていた。

クロアチア人のキリスト教への改宗は8、9世紀ごろで、公用語はラテン語であった。

10世紀ごろからイストラ半島やダルマチア、アドリア海沿岸ではスラブ語（グラゴール文字）が使われた。14世紀にはグラゴール文字（１３６頁参照）の代わりにラテン文字が使われるようになった。

9世紀始めまでは、フランク王国によってパンノニアもダルマチアも支配されていた。9世紀の後半には、フランクに代わってビザンツ（東ローマ）帝国が勢力を広げるが、924年にダルマチアの司教座都市「ニン（Nin）」の族長であった「トミスラヴ」が、フランクやハンガリーを破ってパンノニアを征服し、パンノニアとダルマチアを統一、クロアチア王を名乗った。クロアチア王国の誕生である。

この時のクロアチア王国には、イストラ半島やドブロヴニクは含まれていない。

王国は200年ほど続いたが、1089年にクロアチア王ズヴォニミルが殺された。その未亡人が兄でハンガリー王ラースロー1世に援助を求め、彼の後継者カールマンがクロアチアとハンガリーの間に協定を結び、ハンガリー王カールマンがクロアチア及びダルマチア王を兼ねることになった。カールマンは、クロアチア語では「コロマン王」と呼ばれている。

こうして、1526年のモハーチの戦いでハンガリーがオスマン帝国に敗北するまで、ハンガリー王の支配下に置かれながらも、クロアチア自治権は認められた。

クロアチア王国時代、ハンガリー支配時代においても、アドリア海の島々やダルマチアのいくつかの町はヴェネチ

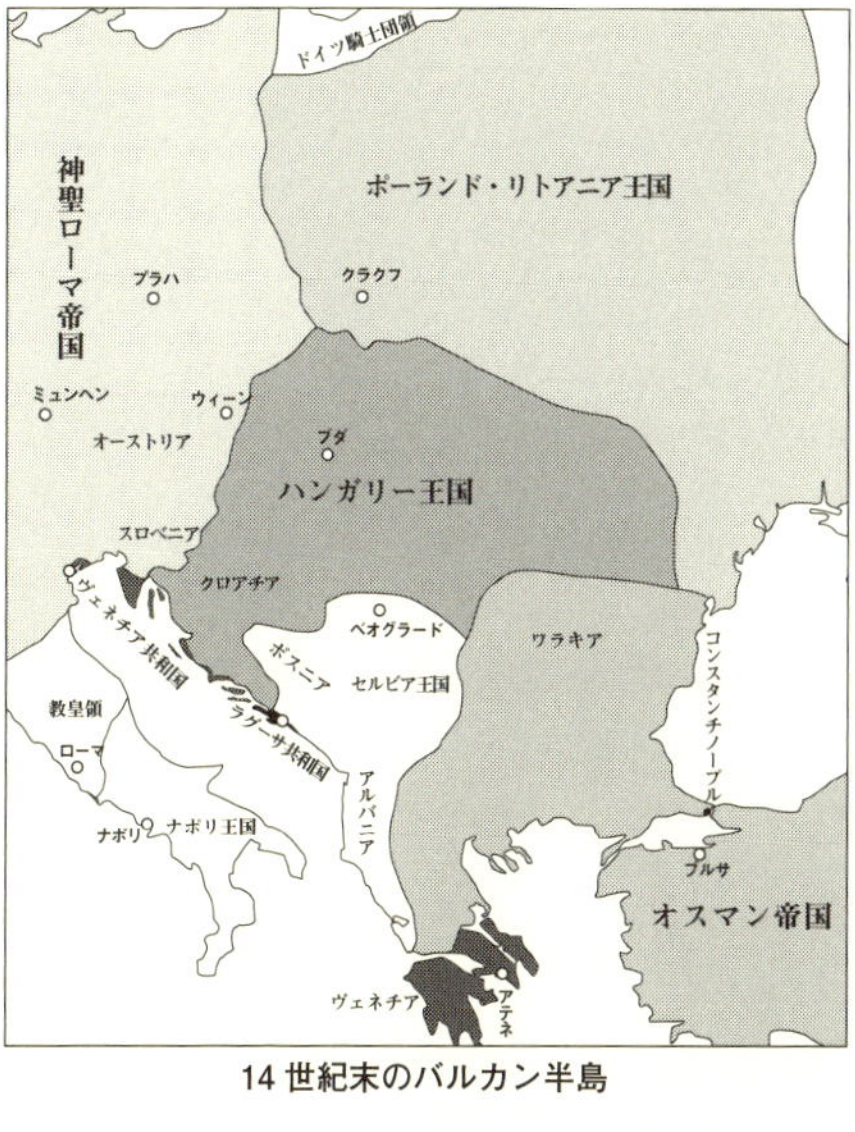

14世紀末のバルカン半島

ア共和国領であった。そして、15世紀の初めには、ダルマチアの大部分が、ヴェネチアの支配下となり、「クロアチア」とは分断された。

（オスマン帝国、ヴェネチア、ハプスブルクの支配）

セルビアも王国が誕生し、中世の黄金時代を迎えるが、14世紀末にはオスマン帝国の支配下に入る。オスマン帝国は、13世紀末小アジア（トルコ）に成立し、400年に亘ってバルカン半島を支配することになる。

1389年には「コソボの戦い」（セルビア王国とオスマン帝国の戦い）により、オスマン帝国が勝利をおさめ、その後も戦争によってバルカン半島の軍隊を次々と破り、また、1453年には東ローマ帝国の首都コンスタンチノープルを陥落させた。そして、セルビア、ボスニア、アルバニア、マケドニア、ギリシャ、ルーマニア、ブルガリアは、オスマン帝国の支配下となる。

16世紀には、オスマン帝国がボスニア方面から進出して、ハンガリー王国に属していたクロアチアの内陸部を支配した。1526年、オスマン帝国皇帝スレイマン1世は「モハーチの戦い」でハンガリーを破る。この戦いでハンガリー王ラヨシュ2世が戦死、オスマン帝国はハンガリーをも支配下に置いた。ラヨシュ2世には嗣子がなかったため、婚姻関係により、ハンガリー王家（ヤゲロ家）とハプスブルク家との間にすでに交わされていた両家（ラヨシュ2世の父ウラースロー2世とフェルディナント1世の祖父神聖ローマ皇帝マクシミリアン1世）の取り決めにより、ラヨシュ2世の義兄弟である（姉の夫であり妻の兄でもある）ハプスブルク家のフェルディナント1世が、ハンガリー王を兼ねることになった。

1529年にはオスマン軍はウィーンをも包囲する。現在のクロアチアは、当時の国境線ではオーストリアとオスマンと（一部はヴェネチア）に分割されていた。

オスマンと戦ったクロアチアの英雄に、ニコラ・シュビッチ・ズリンスキー将軍がいる。クロアチアの貴族ズリンスキー家の出身で、1542年から56年までクロアチア総督を務め、ハンガリーまで進出してオスマン軍と戦った。「ニコラ・シュビッチ・ズリンスキー」というタイトルで1866年にイヴァン・ザイツによるオペラが作られた。オペラの中で歌われる「ウ・ボイ」（戦へ）は、第1次大戦後にシベリアから故郷へ帰るチェコ軍兵士（座礁した船の修理のために神戸に滞在）と交流した関西学院大学男声合唱団がその歌を聞いて覚え、大学で歌われるようになった（当初はチェコ民謡だと思われていた）。

1683年には、オスマン軍の第2回ウィーン包囲で大トルコ戦争となる。オーストリアは、ポーランド、ロシア、ヴェネチアなどと神聖同盟を結ぶと、オスマン軍を追いやり、セルビアのベオグラードまでも陥落させた。1699年にカルロヴィッツ条約が結ばれ、オスマン帝国は、クロアチアとハ

16世紀初めのオスマン帝国の最大領域

ンガリー、トランシルバニアなどを失った。

　さらに1718年にはパッサロヴィッツ条約により、ベオグラードを含むセルビア北部とボスニア北部をオーストリアに割譲する。

　これにより、クロアチアとボスニアの境界が、現在とほぼ同じ状態に確定し、クロアチア側はオーストリア支配、ボスニア側はオスマン支配となった。

　16世紀中ごろから、クロアチアの中心は、カトリックの司教座があるザグレブとなっていた。

　ハプスブルクのオーストリア帝国は、オスマン帝国の侵攻に備えて、ダルマチア北部からスラヴォニア地方の一部を「軍政国境地帯」とし、警備兵としてコソボ地方のセルビア人をスラヴォニアやダルマチアのボスニア境界周辺地域へ移住させた（これによってクロアチア内に多くのセルビア人が住むことになり、1991年のクロアチア独立の際に、この地域に住むセルビア人が独立に反対して内戦となった）。

　18世紀後半には、オーストリアのマリア・テレジアや息子のヨーゼフ2世による中央集権化が試みられた。

1700年のバルカン半島

1797年、ナポレオンのイタリア遠征によりヴェネチア共和国は崩壊し、ヴェネチア支配下にあったイストラ半島からダルマチアにかけてとスロベニアは、フランス領イリュリア州となった。

ナポレオンによって神聖ローマ帝国は解体され、ハプスブルク家のオーストリアはオーストリア帝国となる。クロアチアのザグレブからスラヴォニアにかけてはオーストリア統治下にとどまった。

ナポレオン失脚後のウィーン会議（1814年から1815年）で、スロベニア、イストラ半島、ダルマチアのイリュリア州もオーストリア帝国に併合される。

（オーストリア＝ハンガリー帝国）

多民族国家であるオーストリア帝国内では、各民族による独立の機運が高まった。ハンガリーでは、1848年、フランスでの二月革命の影響を受けて、コシュート・ラヨシュらにより、ハンガリー革命（オーストリアに対する独立戦争）が起きる。結局、ハンガリーの独立は失敗に終わったが、1866年の普墺戦争（プロイセンとオーストリアの戦争）でオーストリアがプロイセンに敗れると、ドイツ人国家の枠組みから排除されたオーストリアは、ハンガリーと妥協し、1867年にオーストリア＝ハンガリー二

オーストリア＝ハンガリー帝国の成立

重帝国という連合国を成立させた。

二重帝国とは、ハプスブルク家の君主がオーストリア皇帝とハンガリー王を兼務し、軍事と外務、財政以外はそれぞれの政府が独自に行うという政治体制であった。

クロアチアは、「ハンガリー王国」に属することになったが、ハンガリー王国内でもマジャール人が過半数に達しないため、１８６８年にハンガリー王国はクロアチアと協約を結び、ハンガリーの任命する総督の下でクロアチアは制限付きの自治を獲得した。

１８７５年にオスマン帝国支配のヘルツェゴビナの村で、キリスト教徒の農民がオスマン帝国に対して反乱を起こした。この反乱は、ボスニアへも影響し、ボスニアとヘルツェゴビナでオスマンに対する大蜂起となった。

隣のセルビア公国やモンテネグロ公国（ともにオスマンに従属）は、この蜂起を援助するために、１８７６年オスマン帝国に宣戦布告、翌年にはロシアが参戦して露土戦争となる。

露土戦争は１８７８年にロシアの勝利で終わり、サン・ステファノ条約、さらにベルリン条約により、セルビアとモンテネグロは、オスマン帝国から独立した。

オスマン帝国は、マケドニア、アルバニアを残して東欧から

露土戦争後のバルカン半島（1880 年ごろ）

退いていく。

そして、ボスニアとヘルツェゴビナは、オーストリア＝ハンガリー帝国が占領、1908年には完全に併合してしまう。

カトリックのクロアチア人はこれを歓迎したが、多数を占めるセルビア人はボスニア・ヘルツェゴビナを自分たちの領域と考えていたので、これに反発した。これが、後のサラエボ事件へとつながっていく。


（セルビア王国）


1830年に公国としてオスマン帝国から自治を得たセルビア公国は、1878年の露土戦争後に独立、オーストリア＝ハンガリー帝国の承認のもと1882年に「セルビア王国」となった。当時の王は、オレノヴィッチ家のミラン1世で、1889年に彼が死ぬと、息子アレクサンダル1世が王となった。しかし、1903年に王宮で王妃とともに陸軍士官らに銃撃されたうえ、窓から投げ落とされて殺害された。

オレノヴィッチ家のアレクサンダルが暗殺されたため、カラジョルジェヴィッチ家のペータル1世がセルビア王となった（在位1903年～1921年）。この王家が後のユーゴスラビア王国の中心となる。

（サラエボ事件から第一次世界大戦へ）

1900年代に入ってから、バルカン半島では多くの戦争が起こっている。

1912年にはオスマン支配のマケドニアを巡って、セルビア、モンテネグロ、ブルガリア、ギリシャがバルカン同盟を結成してオスマン帝国に宣戦、第一次バルカン戦争が始まった。バルカン同盟は勝利し、マケドニアを獲得。セルビア、ブルガリア、ギリシャでマケドニアを分割したが、分配をめぐってブルガリアとセルビア、ギリシャが対立し、再び戦争となる。1913年にブルガリアがセルビアとギリシャに侵攻し、第二次バルカン戦争となった。セルビアとギリシャはすでに同盟を結んでおり、モンテネグロ、ルーマニアとオスマン帝国までもが加わり、ブルガリアは敗北しマケドニアの大半を喪失した。

そして、第一次世界大戦の引き金となるサラエボ事件が起こる。

1914年6月28日、オーストリア帝国の帝位継承者であったフランツ・フェルディナント（フランツ・ヨーゼフ皇帝の甥）と、妻ゾフィー・ホテクが、帝国領土内であるボスニア・ヘルツェゴビナのサラエボを訪問中、ボスニアのセルビア人によって暗殺された。

サラエボ事件についてはボスニアに行くときに改めてお話ししたいが、この暗殺事件によってオーストリアはセルビアに宣戦布告、第一次世界大戦へと拡大していく。

この時のハプスブルク帝国は人口5500万人、一方セルビアは430万人であった。

オーストリア・ハンガリーとドイツという中央同盟側に立ったのはオスマン帝国とブルガリアであ

り、ブルガリア以外のバルカン諸国はイギリス、フランス、ロシアの3国協商側に立って戦った。

1916年11月21日、オーストリア皇帝フランツ・ヨーゼフ皇帝死去。すでに継承者フランツ・フェルディナントが死んでいたので、次の継承者カール1世が皇帝となった。

1917年3月にロシア革命が勃発、4月にはアメリカ合衆国とイタリアが参戦した。

オーストリア＝ハンガリー帝国内では民族の独立機運が盛り上がり、戦争の主導権はドイツに握られていた。1918年9月、オーストリア＝ハンガリー帝国は解体寸前となり、各地で独立運動が起こる。ザグレブ市街でも人々が自由を掲げた。

11月、オーストリア＝ハンガリー帝国は崩壊し、皇帝カール1世と家族は亡命した。同じ月にキールでの水兵の暴動をきっかけにドイツ国内各地で蜂起が起こり（ドイツ革命）、ドイツ皇帝ヴィルヘルム2世が亡命して戦争は終わった。

（ユーゴスラビア王国からユーゴスラビア連邦共和国へ）

1918年12月1日に、セルビア王国とモンテネグロ王国、そしてオーストリア＝ハンガリー帝国から分離したクロアチア、スロベニア、ボスニア・ヘルツェゴビナの3国とともに、「セルビア人、クロアチア人、スロベニア人王国」が誕生した。1929年に、「ユーゴスラビア王国」と国名を変更した。

この王国には、ヴォイヴォディナや、当時はセルビアの一部であったコソボとマケドニアも含まれていたが、スロベニア南部とイストラ半島は、ユーゴスラビア王国ではなく、イタリアに割譲された。

リエカ（イタリア名フィウメ）はユーゴスラビアとイタリアの双方が領有を主張したが、市部人口の88パーセントをイタリア人が占めていたということもあり、1924年のローマ条約でイタリアに編入された。

この王国は、セルビア王国のカラジョルジェヴィッチ王朝の下で誕生したので、セルビア王ペータル1世が、また彼の死後は息子アレクサンダル1世が国王となった。

しかし、首相や大臣、官僚の多くはセルビア人で、クロアチア人などは不満であった。

1934年10月、アレクサンダル1世は、マルセイユで暗殺される。アレクサンダル1世の後、息子のペータル2世がユーゴスラビア王となった。彼がユーゴスラビア王国最後の王となる。

1941年、第二次世界大戦が始まるとユーゴスラビア政府は日独伊三国同盟に加入すると声明。しかし、ペータル2世はイギリスの支援で三国同盟に反対し、クーデターに参加して成功させる。

これに対して、ドイツ軍はユーゴスラビアの首都べオグラードを猛攻撃して壊滅させた。ペータル2世はロンドンに亡命する。

ドイツ、イタリア、ブルガリア、ハンガリーがユーゴに侵入し、ユーゴ政府は降伏。ユーゴスラビ

第一次世界大戦後の東欧

アは4国に分割された。

クロアチア中央部とボスニア・ヘルツェゴビナ一帯はドイツに占領され、スロベニアはドイツとイタリアに折半され、ダルマチア、モンテネグロはイタリア領、クロアチア北東部はハンガリーの占領下となった。

1941年、チトーはナチス・ドイツに占領された祖国の解放と社会主義革命の達成を呼びかける。チトーを最高司令官とするユーゴスラビア人民解放のパルチザン部隊の最高司令部が設けられた。この間、何度もナチス・ドイツにより攻撃が仕掛けられた。

それから4年、ドイツの占領下に置かれながら、民衆は旧王国軍チェトニクに対しても激しいパルチザン闘争を展開して、セルビアからボスニア、そしてモンテネグロへの長征をつづけた。

1944年10月、ドイツ軍の攻撃はまだ続いていたが、パルチザンはソ連軍と合同作戦をとり、首都ベオグラードがドイツから解放された。45年3月にはチトーを首班としたユーゴスラビア臨時政府が成立した。

戦後、ユーゴスラビア連邦人民共和国として樹立され、1963年にはユーゴスラビア社会主義連邦共和国へと改称、6つの共和国から構成される社会主義国家となった。

ユーゴスラビアを外国人に説明するときには、「7つの国境、6つの共和国、5つの民族、4つの言葉、3つの宗教、2つの文字」を持つ連邦国と言われていた。

7つの国境：イタリア、オーストリア、ハンガリー、ルーマニア、ブルガリア、ギリシャ、アルバニアの７カ国と国境を接していた。

６つの共和国：スロベニア、クロアチア、セルビア、ボスニア・ヘルツェゴビナ、モンテネグロ、マケドニア

５つの民族：スロベニア人、クロアチア人、セルビア人、モンテネグロ人、マケドニア人（ボスニア・ヘルツェゴビナ人という民族は存在しない）

４つの言葉：スロベニア語、クロアチア語、セルビア語、マケドニア語（モンテネグロとボスニア・ヘルツェゴビナはセルビア語とほぼ同じ）

３つの宗教：カトリック教徒、正教徒、イスラム教徒

２つの文字：ラテン文字、キリル文字（日本ではロシア語の文字として知られている。セルビア、マケドニアで使われる）

このような複雑な国を統治したのがチトーであった。

ユーゴスラビアは、ソ連の指導下にあった他の東欧諸国（チェコ、ハンガリー、東ドイツなど）とは別の道を歩んだ。

（ユーゴスラビアの解体と内戦）

１９８０年にチトーが死去すると、チトー時代に抑えられていた民族主義が台頭し、連邦を構成する各共和国の不満が表面化してきた。８０

ユーゴスラビア社会主義連邦共和国

年代にユーゴの経済が悪くなると、ユーゴスラビアの中でも経済先進国であったスロベニアは、原因が連邦にあると考えた。スロベニアやクロアチアがユーゴ全体に払う負担金がコソボやマケドニアなどの貧しい地域に使われているという不満があった。

ユーゴ時代に訪れた人の話では、スロベニアとマケドニアでは同じ国とは思えないくらいの差があったらしい。1988年のスロベニアのGDPは、最下位のコソボの8倍以上あった。

その後、各民族の不満が爆発し、独立への道を進んでいく。

1986年に大セルビア主義を掲げ、ユーゴスラビア解体に反対するスロボダン・ミロシェヴィッチが実権を握ると、他の共和国のセルビアへの反感は急激に強まった。

特にクロアチア人はセルビア人への不満が大きかった。セルビアは連邦制を維持しようと努めるが、クロアチアは各共和国に権力を分散すること、それができなければ独立すると主張した。

1989年のベルリンの壁崩壊など、東欧民主化の波はユーゴスラビアにも及び、1990年には各共和国で初めて複数政党制による自由選挙が行われた。それによって、それまでの一党独裁政党（ユーゴスラビア共産主義者同盟）に代わって民族主義政党が各共和国の政権を握ることになり、独立への機運は一気に強まることになる。

クロアチアでは、独立を掲げるスティエパン・メシッチが政権を握った。

クロアチアは、独立の準備を進め、国民投票により78パーセントが独立に賛成した。

1991年6月25日、スロベニアとクロアチアはユーゴスラビアからの独立宣言をした。それに続いて11月にはマケドニアが、92年3月にはボスニア・ヘルツェゴビナが独立を宣言する。
この独立にあたり各国で戦争が始まる。

(スロベニアとクロアチアの独立)

6月25日にスロベニアが独立を宣言すると、27日からスロベニア内に駐留していたユーゴスラビア連邦軍とスロベニア地域防衛軍(チトー時代に連邦軍とは別に置かれていた防衛部隊)との間で、小規模な戦闘が起こった。しかし、7月7日には、ユーゴスラビア連邦共和国はスロベニアの独立を承認し、連邦軍はスロベニアから撤退した(「10日間戦争」と言われている)。

スロベニアの独立は、激しい戦争のあったクロアチアやボスニア・ヘルツェゴビナに比べると、非常に短期間で終わった。その理由は、国民の90パーセントがスロベニア人であり、特に独立に反対するセルビア人が国内にほとんどいなかったこと。また、地理的に、セルビアと直接国境を接していないということが考えられる。

それに対してクロアチアでは、独立に反対するセルビア人が国内に大勢いた。
1990年にクロアチアの独立を主張するスティエパン・メシッチが政権をとると、セルビア人が多数を占める地域では、クロアチアからの分離とセルビアへの併合を宣言して紛争が頻発した。それにユーゴスラビア連邦軍が介入して、1995年まで続く内戦に突入した。

１９９２年にボスニア政府が独立を宣言する。ボスニア・ヘルツェゴビナは、クロアチアよりもさらに民族構成が複雑で、独立に反対するセルビア人が独自の議会と武装化を進めると、クロアチア人も同様の組織を作り、イスラム教徒主体のボスニア政府との間で、3者間の凄惨な戦闘が繰り返された。１９９５年に国際連合の調停によってようやく停戦にいたる。当初、ＮＡＴＯによる平和維持部隊が展開し、２００４年12月からは、ＥＵの部隊が駐留している。

１９９１年11月に独立を宣言したマケドニアは、唯一、戦争もなく連邦から独立を承認された。しかし、マケドニア（「マケドニア共和国」）という国名の使用をギリシャが認めず、１９９３年の国連加盟は「マケドニア旧ユーゴスラビア共和国」という暫定名称で加盟した（日本も暫定名称で独立を承認）。マケドニアはＥＵやＮＡＴＯへの加盟を申請しているがギリシャとの二国間問題が未解決として２０１５年現在、加盟には至っていない。

１９９２年に4つの共和国が独立してユーゴスラビア社会主義連邦共和国が崩壊すると、セルビアはモンテネグロとともに新しい憲法を制定してユーゴスラビア連邦共和国（新ユーゴ）となった。

１９９５年にクロアチアとボスニアの戦争が終了すると、今度は、セルビア共和国内のコソボ自治州で多数を占めるアルバニア人が武力闘争を開始。それに対してセルビアは１９９８年にコソボに大部隊を展開する。１９９９年にはＮＡＴＯ軍がユーゴスラビアへの空爆を行った。２０００年、コソボからセルビア軍が撤退すると、ＮＡＴＯ主体の部隊と国連暫定統治機構がコソボに駐留を始める。

コソボからの難民を積極的に受け入れ、コソボのアルバニア人に同情的であったモンテネグロは、セルビア主導の連邦政府への不満から、独立派が優勢となっていく。モンテネグロは、１９９９年11月には通貨をユーゴスラビアディナールからドイツマルクに変更、さらに２００２年の議会選挙ではモンテネグロ独立派が勝利する。

２００３年にはユーゴスラビア連邦という国名を「セルビア・モンテネグロ」に変更してゆるい共同国家として存続を続けたが、２００６年にモンテネグロが国民投票を実施して独立すると、セルビアも独立を宣言して、ユーゴスラビアを構成していた全ての共和国が独立した。

さらに、２００８年2月にコソボが独立を宣言。3月には日本も承認した。

セルビア共和国内のヴォイヴォディナ自治州は、セルビアに留まっている。

スロベニアは２００４年5月1日にＥＵに加盟した。同じ日に、チェコ、ハンガリー、ポーランド、スロバキアの中欧諸国とリトアニア、ラトビア、エストニアのバルト3国、それにマルタとキプロスの計10ヶ国が同時に加盟している。クロアチアも２０１３年にはＥＵに加盟した。

ここまで、ユーゴスラビア全体の歴史とスロベニアの独立について解説したが、クロアチアとボスニア・ヘルツェゴビナの内戦については、それぞれの章でより詳しく説明したい。

中央クロアチアとイストラ半島

この章で紹介する世界遺産
・ポレチュ歴史地区のエウフラシウス聖堂建築群（１９９７年）
・プリトヴィツェ湖群国立公園（１９７９年）

プリトヴィツェ

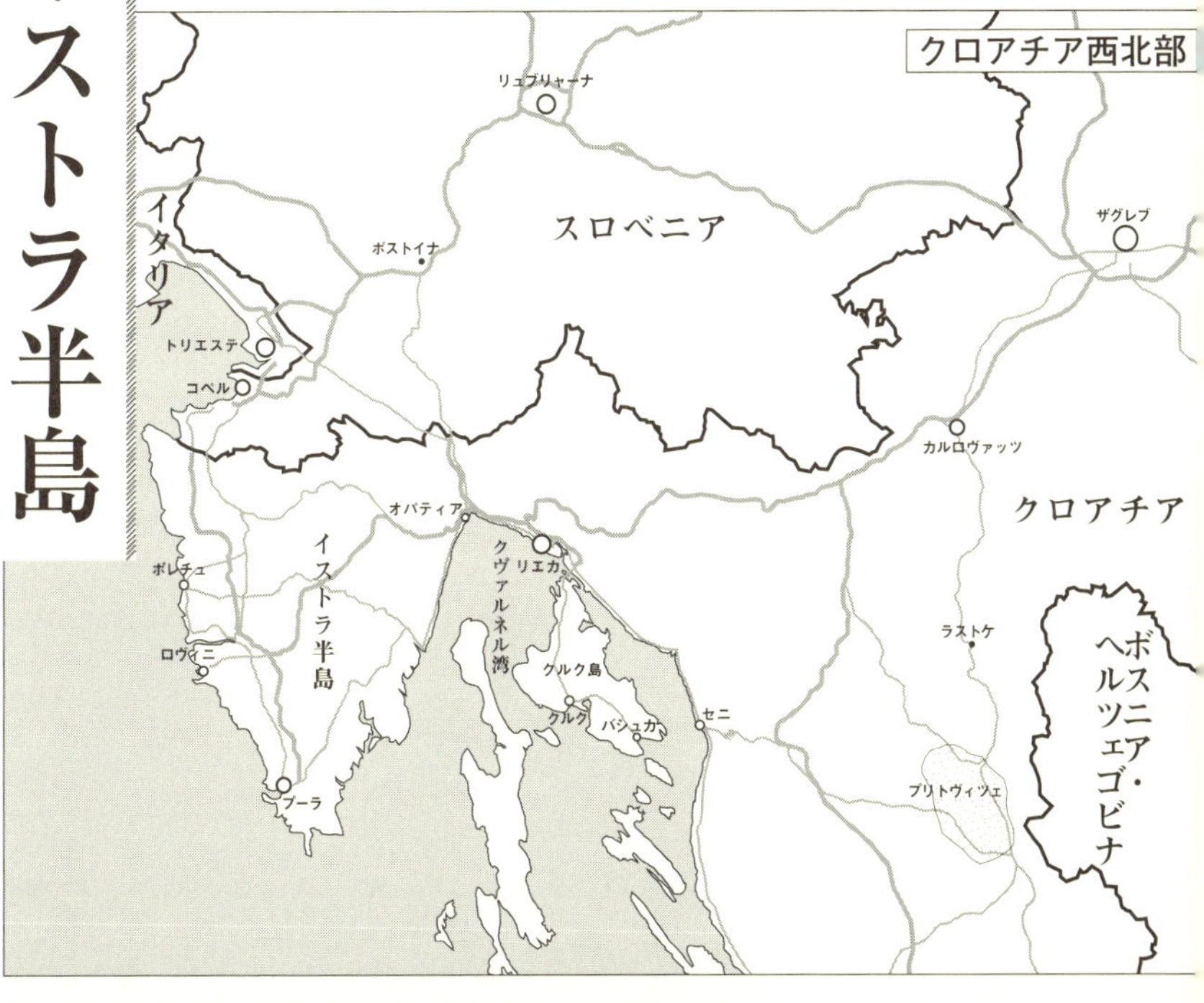

スロベニアからクロアチアへ

スロベニアからクロアチアへ入るときは、国境で出入国審査がある。クロアチアは、２０１３年７月にＥＵに加盟したが、パスポート検査なしで入国できる「シェンゲン協定」の加盟国ではない。スロベニアはどちらにも加盟しているので、たとえば、オーストリアからスロベニアへ抜けるときはパスポートチェックはない。

ツアーによって通過する国境検問所は異なるが、今回、リュブリャーナからザグレブへ行くので、西から東へと国境を越えた。スロベニアの出国検査のあと、クロアチアへの入国となる。

今回は、スロベニアの出国側ではバスの運転手だけ検査されたが、クロアチアの入国では、係員がスタンプを持ってバスに乗り込み、全員のパスポートにスタンプを押してまわった。

検査の仕方は、その時によって異なり、全員パスポートを持ってバスから降り、コンピューターのスキャナに取り込むこともある。このようなときには時間がかかる。

無事に国境を通過して、クロアチアへ入国した。国境での検査にどのぐらいかかるか時間は読めないが、国境までに一度トイレ休憩を取って、国境からザグレブまでは1時間程度である。

両替は、ザグレブについてから町の中の両替所でクロアチアのクーナに換金した（日本円可）。（前回のツアーでは、ポストイナからオパティアへと南下したが、入国してすぐのところにある両替所で、クロアチアの通貨クーナへ両替した。ここでも、ユーロからも日本円からも両替ができた。それから、小一時間で、オパティアへと到着した）

ザグレブ

高速道路を降りて、ザグレブ（Zagreb）の町に入ってきた。この後、町の中心地イェラチッチ広場から北側の旧市街を歩いて見学するが、バスはその南の新市街側から入ってきた。

新市街には国立劇場の美しい黄色い建物がある。その南のヘブランゴヴァ通り（Hebrangova）には、ミマラ博物館や近現代美術館などがあり、日本大使館もある。近現代美術館は、19世紀から20世紀のクロアチア出身の画家による絵画が展示されている。美術館のすぐ南には貴族の館を改装したパレス・ホテルがある。今日泊まるシェラトン・ホテルからも近い。

この南方にザグレブの鉄道駅があり、駅前のトミスラヴ広場には、クロアチア王国時代の初代国王

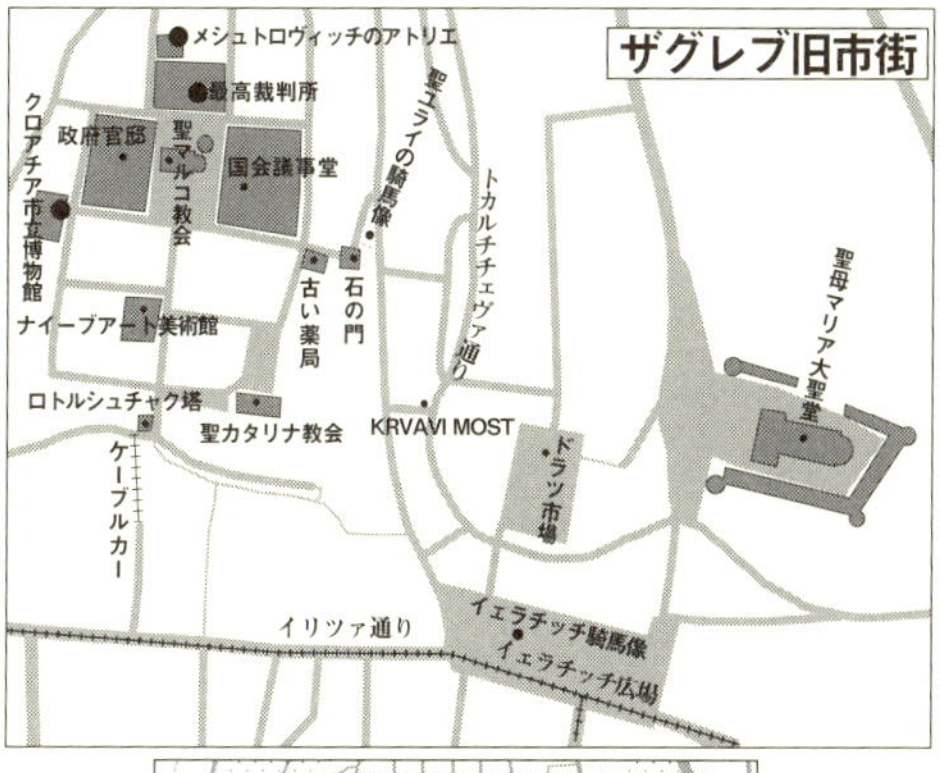

トミスラヴの騎馬像がある。駅前には、地下商店街もある。また、近くには、1925年、オリエント急行の乗客のために建てられた、リージェント・エスプラネードホテルがある。

当時のオリエント急行は、イスタンブールを出て、バルカン半島のソフィア（ブルガリア）、ベオグラード、ザグレブ、リュブリャーナ（当時はすべてユーゴスラビア）を通り、北イタリアを経由して終点パリまでいくルートだった。

有名なアガサ・クリスティーの小説「オリエント急行殺人事件」は、ユーゴスラビアの、ヴィンコフツィという駅（現クロアチア）を出た後、雪のために列車が止まり、殺人が起きるというストーリーであった。クロアチア東部のセルビアやボスニアとの国境に近いところで起きた殺人事件となっている。

首都ザグレブは、人口80万ほど、首都圏全体では120万程度でクロアチア最大の都市である。2番目に人口が多いのはスプリットの25万ほどなので、かなり開きがある。

「クロアチア」と一口に言うが、ザグレブと、後ほど訪問するドブロヴニク、そしてアドリア海沿岸の町では、その歴史が全く異なっている。

ドブロヴニクは独立の道を歩み、他のアドリア海沿岸の町はヴェネチア共和国支配下にあった。

ザグレブ中央駅

これから観光するザグレブは、ハンガリーの一部であった。「かつてのハンガリー王国は・・・」というと、その意味するところはクロアチアの首都ザグレブも含んでいるということが多い。ハンガリー王国が誕生したのは10世紀のことで、最初の王は聖イシュトヴァン、聖職者も兼ねていた。そのため、その後を継いでハンガリー王になった人物も聖職者を兼ねていた。

前述したが、クロアチアでは10世紀初めに王国が誕生したが、11世紀末にはハンガリー王の統治下となる。11世紀にハンガリー国王であったラースロー1世が、ザグレブに司教座を置いた。すでに教会はあったが、それをロマネスク様式の大聖堂に建て替えた。それが現在見られる大聖堂の前身である。ここに司教座が置かれてからは、司教座で働く聖職者たちが住むようになった。

〈聖母マリア大聖堂〉

バスは新市街から北へと向かい、大聖堂近くでガイドと合流して、バスを下車した。

「ドバル・ダン（こんにちは）」

ガイドのあいさつの後、歩いてザグレブ旧市街を散策する。

ザグレブ大聖堂（Zagrebačka katedrala）は、日本語では「聖母マリア大聖堂」「聖母被昇天大聖堂」などと呼ばれている。聖母

聖母マリア大聖堂

マリアにささげる大聖堂で、被昇天のマリア、聖ステパノ、ハンガリーの聖ラディスラオ（ラースロー）を祀る。高さ105メートルの2本の尖塔は、ザグレブのどこからでも見えるランドマークでもある。

「ここに教会を建てたのは、ハンガリー王ラースロー1世で、この地に司教座を置き、ロマネスク様式の大聖堂を建てました。しかし、1242年にモンゴル軍が侵入してきて、大聖堂は破壊されました。その後、ゴシック様式で建て替えられましたが、1880年の地震でまた壊れ、ドイツ人の建築家によって、今のような姿に建て替えられました。この建築は、ネオ・ゴシック様式と呼んでいます。2つの塔も、地震の後造られました。しかし、予算不足のためにやわらかい砂岩を使ってしまったので、1990年に大聖堂を本格的に修復することになり、塔は石灰岩を使って新たに造りかえられました」

1880年の地震で破壊された後、ドイツ人建築家ヘルマン・ボレーによって新たに設計が行われた。1884年にボレーの設計プランが公開され、150人もの大工や石工、彫刻家、鍛冶屋などを呼んでの大建築となった。1902年には、建築用の足場が取られ、美しい大聖堂が姿を現した。ところが、予算不足のために砂岩を使ったため、石灰岩に置きかえての修復が続けられている。

1993年発行の100クーナ札のデザインとして使われている。

「1998年にはローマ法王ヨハネ・パウロ2世が、2011年にはベネディクト16世がここを訪れました」

大聖堂内部には、1937年から1960年までザグレブ司教を務めた「アロイジウス・ステピナッツ」の墓がある。主祭壇の後ろにある、枢機卿の赤い宗教服をまとった人形が寝ているガラスの棺がそれである。アロイジウス・ステピナッツ（1898〜1960年）は、第二次世界大戦後の1946年、「ウスタシャ政権（ドイツと同盟を結び大量虐殺を行ったファシズム党）へ協力した、セルビア正教徒をカトリックへ強制改宗させた」との罪で、戦争犯罪者として逮捕された。本人は、「セルビア人や国家に対して、いかなるテロや反政府活動にも参加したことがない。クロアチア愛国心はセルビア人が治めたユーゴ王国の不平不満から生じたものでウスタシャであったこともない」と断言した。しかし、法廷は、重大な反逆罪と戦争犯罪をしたという判決を下し、16年の刑が言い渡される。実際には、減刑され5年で釈放されたが、故郷のクラシッチで監視つきの軟禁状態となった。

1952年、ローマ法王より枢機卿に任命されたが、病気となり、1958年の法王選出にも出征できず、1960年に死亡した。クロアチア独立後に有罪判決は取り下げられ、大聖堂に葬られた。

ガイドの説明が続く。

「大聖堂のそばの城壁は、1512年から1521年にかけて、オスマントルコが攻めてきたとき、大聖堂を取り囲むように築かれたものです。20世紀の初めにほとんど取り除かれました。南側の城壁は、18世紀に大司教館に改築されました」

ハンガリーの一部であったクロアチアであるが、ハンガリー本土や他の

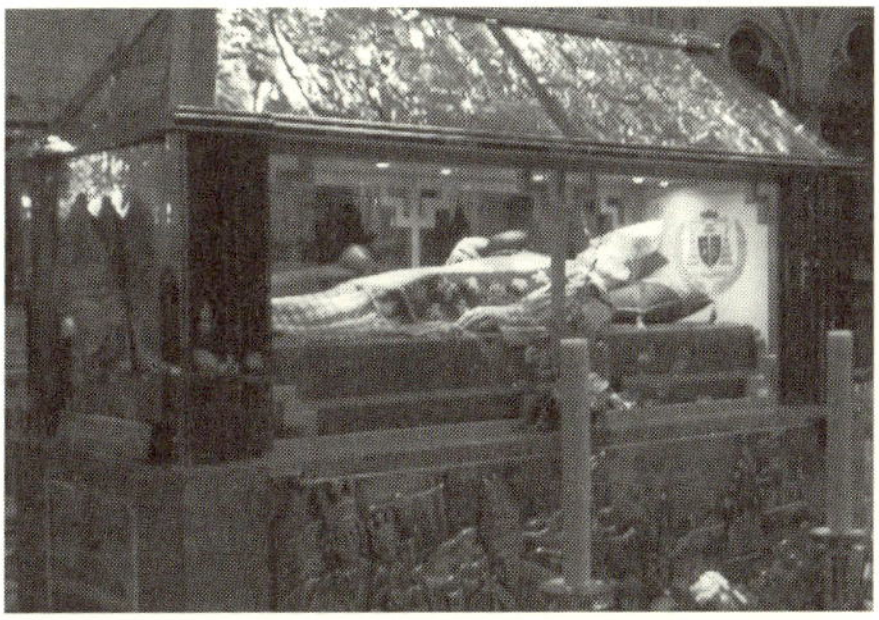

アロイジウス・ステピナッツの墓

クロアチアの町同様、15世紀にはセルビアやボスニアを占領したオスマン軍が近くまで迫ってきた。その時、大聖堂の周囲に城壁が築かれた。オスマン軍は近くまで来たが、町の南を流れるサヴァ川が洪水で、川を越えてザグレブまで占領することはできなかった。
大聖堂前の広場には、聖母マリアの記念碑がたつ。その柱を天使が取り囲んでいる。

〈ドラッツ市場とその周辺〉

大聖堂の広場から西にいくとすぐに青果市場「ドラッツ市場」(Dolac)がある。ザグレブの台所といわれるこの市場では、肉類、魚類、野菜や果物の他にレースや土産物なども売っている。カフェもあり、朝早くからオープンしているので簡単な朝食をとることもできる。
青果市場をさらに西へと歩くと、レストランやカフェが立ち並ぶ賑やかな通り「トカルチチェヴァ通り(Tkalčićeva ulica)」がある。この通りは、旧市街の東のカプトル地区と西のグラデッツ地区を隔てる道であるが、19世紀末までは小川が流れていた。中世時代には川沿いにたくさんの水車小屋があり、粉を挽いていた。両地域は、水車小屋の管理のことなどでよく

ドラツ市場

聖母マリア記念碑と城壁

喧嘩をしていた。そのため、小川にかかる橋は、血の橋（クルヴァヴィ・モスト）と呼ばれていた。

１８５０年にカプトルとグラデッツが合併して、ザグレブという町が誕生した。その翌年の１８５１年にこの小川は埋められ、トカルチチェヴァ通りとなった。血の橋があった短い通りは今でもこの名で呼ばれ、「KRVAVI MOST（クルヴァヴィ・モスト）」という表示がある。

トカルチチェヴァ通りには、クロアチア初の女性ジャーナリスト、マリア・ザゴルカの像がある。

〈石の門と礼拝堂〉

旧市街の西側にあたるグラデッツ地区はもともと城壁で囲まれており、東西南北に４つの門があった。そのうちの東の門であったところが、現在「石の門（Kamenita vrata）」という名前で残っている。門の外には、聖ユライ（ゲオルギウス）の騎馬像がある。

門の中は礼拝堂が設けられ、たくさんのろうそくがともされている。「この門はもともと木製でしたので18世紀に近くで火事が起こった時に焼けてしまいました。その時、焼け跡の灰の中から聖母子を描いたイコンが

石の門

聖ユライの騎馬像

発見されました。イコンだけが無事だったという事実に人々は驚き、大切に保管しました。1760年に石の門に造りかえられると、中に礼拝堂をもうけて、そのイコンが納められました」

石の門をくぐりぬけたところには、開業1355年というクロアチアで2番目に古い薬局がある。一番古いのはドブロヴニクにあるので、のちほど紹介する。

石の門の中の礼拝堂

〈聖マルコ教会と広場、国会議事堂〉

「このカラフルな屋根を持つ建物は、聖マルコ教会（Crkva sv. Marka）です。屋根の紋章をご覧ください。右側の紋章のお城はザグレブの市章です。こんどは左側の紋章ですが、左上の赤白模様はクロアチア国章、右上の3頭の豹の頭はダルマチア、下の六角星と動物のテン、2本の川（サヴァ川とドラヴァ川）はスラヴォニアの紋章です」

このタイルの屋根は、1882年にハンガリーにあるジョルナイ工房でつくられた。ウィーンのシュテファン大聖堂やブダペストのマーチャーシュ教会の屋根と同じである。

聖マルコ広場はクロアチアの行政の中心でもある。

「聖マルコ教会の右（東）側には国会議事堂、北側には最高裁判所、西側には政府官邸があります。

クロアチアが、1918年にハプスブルクが支配するオーストリア＝ハンガリー二重帝国から離脱した時は、この右手の国会議事堂で決定されました。そして、セルビア人、クロアチア人、スロベニア人の王国の建国がこの建物の2階の窓から、市民らに伝えられました。また、1991年の6月にユーゴスラビアからの独立が決まったのもここでした」

そして、2015年2月15日には、クロアチア初の女性大統領コリンダ・グラバル＝キタロヴィッチ氏の就任式がこの広場で行われた。

聖マルコ広場周辺の街灯は、今でもガス灯が使われている。毎日夕暮れになると、市の職員が長い棒を使ってガス灯を一つ一つ点していき、明けるころになると消して回っている。

またこの周辺は、博物館も多い。広場の北側には彫刻家メシュトロヴィッチが1922年から42年まで住んでいた家があり、現在博物館として公開されている。西の方にはザグレブの歴史を展示する「ザグレブ市立博物館」もある。

聖マルコ広場から南へいくと、ナイーブアート美術館が右手に見える。

「クロアチアのナイーブアート（素朴芸術）は、クロアチア内陸部の伝統画で、透明なガラスに絵を描いて裏から鑑賞するものが多くあります。絵具が直接空

国会議事堂

聖マルコ教会

気に触れないので、美しさが長く保たれます。風景画、宗教画などテーマは様々で、代表的な画家に、イヴァン・ゲネラリッチがいます」

クロアチアのツアーは美術館見学がほとんどないので、ザグレブでフリータイムがあれば一度覗いてみたい。

東側には聖カタリナ教会（Crkva sv. Katarine）がある。１６３２年に完成したバロック様式の白い教会である。

そこからさらに歩くと、ロトルシュチャク塔（Kula Lotrščak）近くの展望台からザグレブの町が見下ろせる。

「この塔は、13世紀に町を囲っていた城壁の南門に建てられた見張りの塔でした。最上階の窓と塔のある部分は19世紀に建て直しされ、大砲が置かれました。大砲は、１８７７年より毎日12時に時報として使われています」

坂道を上がってきたという意識はあまりないが、大聖堂からここまで緩やかな坂を上がってきたことになる。ここからはケーブルカーで下ることもできるが、今回は階段を下る。

「このケーブルカーは、55秒で下に降りることができます。１８９０年開業で、すでに１００年を超えているので、年をとった貴婦人という愛称で親しまれています」

ケーブルカー

聖カタリナ教会

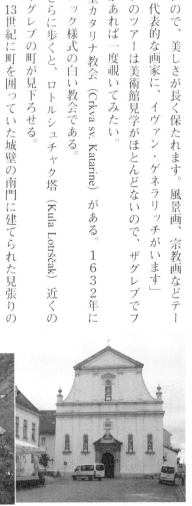

（イェラチッチ広場）

階段（又はケーブルカー）を下ると、多くの商店が並ぶイリツァ通りに出る。この通りはとても賑やかで、フリータイムの時に立ち寄るといい。

東へと歩くと、街の中心広場「イェラチッチ広場（Trg Josipa Jelačića）」がある。イェラチッチの騎馬像のまわりはとても賑やかである。

ヨシップ・イェラチッチ（Josip Jelačić）は、19世紀の軍人で政治家であった。当時、クロアチアは、オーストリア支配下のハンガリー王国に支配されていた。1848年にハンガリーがオーストリアに対する独立戦争を起こす。この革命は、フランスの2月革命、ドイツの3月革命とともに1848年革命と呼ばれている。

クロアチアの農民は、ハンガリー人の地主に対する反感が強く、ハンガリーからの独立やクロアチア語の公用語化などを求めた。要求はハンガリーに向けられていたが、オーストリアからの独立を求めるハンガリーに、クロアチアの要求を考える余裕はなかった。オーストリア皇帝はクロアチア人の軍人であるイェラチッチにハンガリー軍の掃討を命じる。イェラチッチは、セルビア、クロアチア軍を指揮してハンガリー革命軍を鎮圧した。その功績により、イェラチッチは、クロアチア総督に任命された。しかし、クロアチアはハンガリーを抑えるためにオーストリアに使われたような感じとなり、

イェラチッチ広場

自治権を獲得することはできなかった。ハンガリーは1867年、オーストリア＝ハンガリー二重帝国を成立させる。

イェラチッチは1859年に58歳で死亡した。騎馬像は、彼の死後間もなく、クロアチア人によって造られ、広場もイェラチッチ広場と呼ばれるようになった。社会主義時代には、「共和国広場」と名前が変わり、騎馬像も撤去されたが、クロアチア独立後に元に戻された。

ヨハン・シュトラウス（父）は、北イタリア革命軍を鎮圧したオーストリアの将軍ラデツキー将軍をテーマにした「ラデツキー行進曲」で有名だが、「イェラチッチ行進曲（Jelačić Marsch）」という曲も書いている。1849年に作曲された軽快で美しい曲だ。

〈クロアチア発祥、ネクタイの話〉

ネクタイはクロアチアが発祥である。30年戦争（1618年から1648年）時の1635年ごろ、フランスのルイ13世の警護のためパリに赴いたクロアチア人の傭兵が首に小さな結び目のあるスカーフを巻いていた。それがパリの人たちの目をひいた。それを、「クロアチア人」という意味の「クラバット」と呼ぶようになった。今でもネクタイのことをフランス語でクラバットという。

1646年ごろには、まだ7歳だったルイ14世王がレースのクラバットをつけ始める。それが貴族の間で流行し、その後、ヨーロッパでは、男も女も布きれを首に巻くというファッションが流行した。

それまでの襟元のファッションは、大きな白いレースのひだ襟をつけていたが、クラバットの流行とともにすたれていった。１６９２年のステーンケルケ（現ベルギー）の戦いのとき、兵士が端にレースの房の付いた細長いスカーフを軍服の上から首に巻いてゆるく結び、ボタンホールに挟んで出していた。１７２０年まではその形が流行した。時代とともにネクタイの形が変化し、今のような形になったのは19世紀以降のことである。

ザグレブやスプリット、ドブロヴニクには、クロアタ（CROATA）という有名なネクタイ店がある。

リエカ

今回のツアーではリエカの西15キロほどにあるリゾート、オパティアに宿泊したが、ツアーによってはリエカに宿泊することもある。

リエカは、ザグレブ、スプリットに次いで、クロアチア第３の町であり、クロアチア最大の港湾都市でもある。

港からはフェリーも出ており、ドブロヴニクまで船で一泊しながら行くこともできる。

「リエカ（Rijeka）」とは、クロアチア語で「川」という意味である。中世から１９４３年にチトーのユーゴスラビアに組み込まれるまでは、「フィウメ（Fiume）」（イタリア語で川）と呼ばれていた。

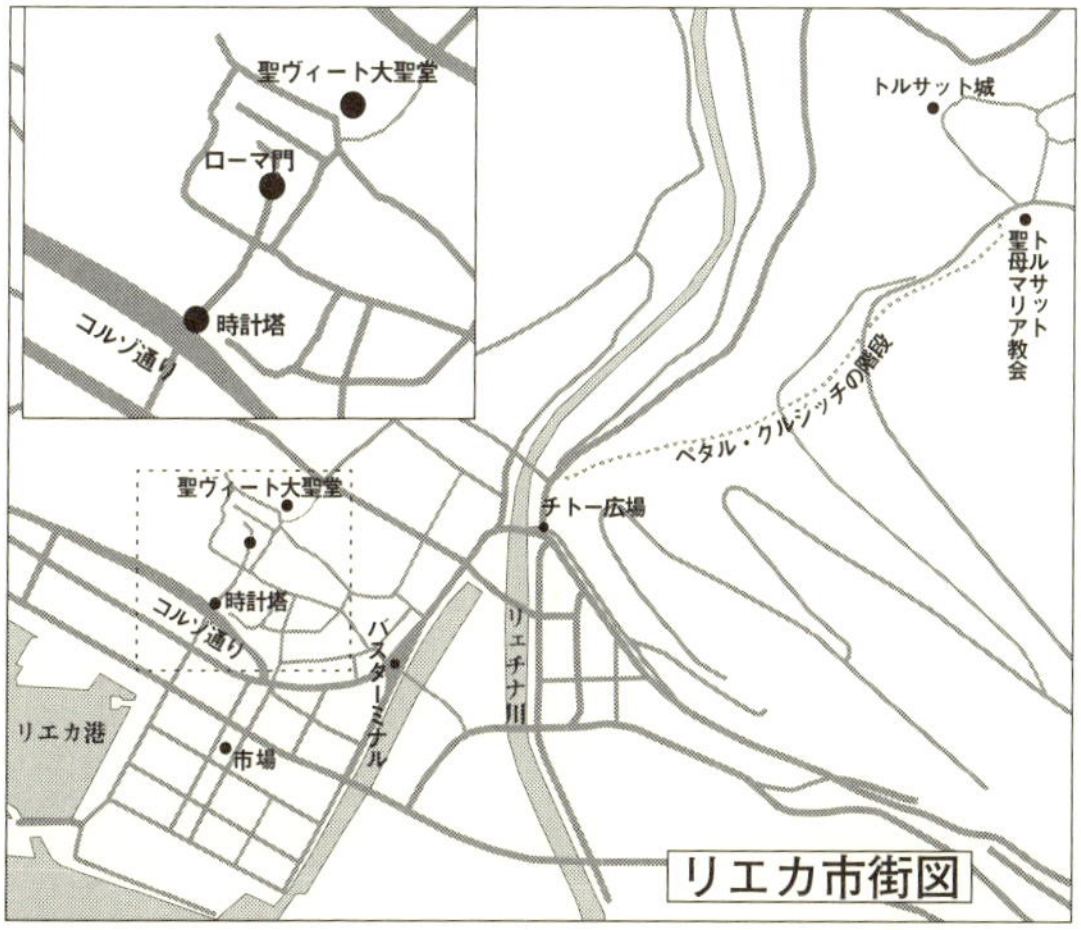

リエカ市街図

リェチナ川の河口右岸にローマ時代の町、フルメンがあった。港周辺が町の中心地でもあり、時計塔のあるメインストリート、コルゾ（Korzo）通りには、デパートやカフェが立ち並んでいる。時計塔はかつてリエカの町を囲っていた城壁門の一つであり、オーストリア時代の1873年に門の上の時計塔が増築された。18世紀までは城壁で囲まれていたが、取り壊してコルゾ通りが造られた。

時計塔

門にはハプスブルク家の紋章の双頭の鷲のレリーフと、ハプスブルク家のレオポルト1世とカール6世（マリア・テレジアの祖父と父）のレリーフが刻まれている。2人は、リエカの町に市章を与え、ここを自由港とした。

この後訪れるイストラ半島やアドリア海沿岸の町や島は、ヴェネチア（つまり現在のイタリア）と関係が深かったが、リエカはヴェネチア船の航路からは外れており、ザグレブやスロベニア、ハンガリーとともに、ハプスブルク家とのかかわりが深く、15世紀にはハプスブルク家の支配下に入った。オーストリアには海がないので、リエカは、トリエステ（現イタリア）とともにオーストリアの主要な貿易港として発展した。今でもリエカには、ハプスブルク時代に建てられた建物がたくさん残っており、オーストリアの町のような雰囲気がある。

オーストリア＝ハンガリー帝国時代には、リエカはハンガリー王国の唯一の貿易港として繁栄した。

町のシンボルである時計塔をくぐって北へ進むと、ローマ時代の門が残されている。

ローマ門をくぐって北へいくと、白い円形の聖ヴィート大聖堂がある。9世紀に起源をもち、17世紀にイエズス会によって改築された。バロック様式の教会で、内部は八角形になっている。クロアチアの１００クーナ紙幣にも描かれている。

この教会の主祭壇には、「奇跡の像」といわれているキリストの磔刑像が祀られている。この像には次のような伝説がある。

１２９２年、男がこの像に石をぶつけた。お祈りしたにもかかわらず賭け事に負けたという理由だった。すると、大地が裂けてこの男を飲み込み、木像のキリスト像が血を流した、と言われている。その時の「石」も飾られている。キリスト像が流した「血」も保管されている。

港近くに泊まったら、朝、中央市場をのぞくのもおもしろい。時間があるなら、町の北東、丘の上にあるトルサット城（Trsatska Gradina）も訪れたい。巡礼者が膝をついて上るというペタル・クルジッチの階段（Trsatske stube Petra Kružica）

ローマ門

聖ヴィート大聖堂

奇跡の像

は400段ほどあり、上りはバスを利用するほうがいい（イェラチッチ広場のバスターミナルから2番のバスに乗り、トルサット（Trsat）下車）。

リエカの町は、ケルト人がトルサットの丘に建てたトルサティカが起源であり、その後、ローマの領土となった。

中世、ローマ時代の砦に城が建てられ、19世紀に改築された。トルサットの丘の上から眺めるアドリア海はすばらしい。

城の近くには、白いトルサット聖母マリア教会がある。

この教会にも伝説がある。1291年5月10日に、パレスチナのナザレにある聖母マリアの家が天使によってここへ運ばれたという。しかし、3年半後の1294年12月10日に家は消えて、イタリアのアンコーナ近くにあるロレートに現れた。その家が3年半あったとされる場所に教会が建てられた。

1367年にローマ法王ウルバヌス5世により、聖母マリアの絵が贈られ、現在教会の主祭壇にある。教会前には、2003年にここへ巡礼した当時の法王ヨハネ・パウロ2世の像がある。

家が突然現れたとされる5月10日には、毎年多くの巡礼者が訪れる。

帰りは、ペタル・クルジッチの階段をチトー広場まで下りて行こう。

トルサットの丘から眺めるクヴァルネル湾とリエカ市街

トルサット城

オパティア

クロアチア第3の都市であるリエカから西に15キロほどいったところにあるオパティアは、イストラ半島の東の端、アドリア海（クヴァルネル湾）に面したリゾート地である。

イストラ半島の観光が含まれているツアーでは、オパティアかリエカに泊まることが多い。

元々は小さな漁村であった。15世紀にベネディクト会の修道院の周りに集まってできた、海辺の集落であった。「オパティア（Opatija）」をクロアチア語＝英語の辞書で調べると、「Abbey」（アビー）と書いてある。寺院、修道院という意味である。海辺の公園には、聖ヤコブ教会がある。

このオパティアがリゾート地として有名になったのは、19世紀以降のことで、オーストリア＝ハンガリー二重帝国の時代である。

オパティアは、標高1396メートルのウチュカ山の南麓にあり、冬も寒波が遮られて、ウィーンやザグレブに比べると温暖なところである。しかも、ウィーンからそれほど遠くないので、ハプスブルク家の人たちや貴族たちがこの地に別荘を建てた。

オパティア遠景
中央の突き出た半島部分がアンジョリナ公園

今回は、街の中心地にあるアガバホテル（Agava Hotel Opatija）に宿泊したが、すぐそばに、アンジョリナ公園がある。

アンジョリナというのは、リエカの富豪であったイジニオ・スカルパ氏の奥さんの名前で、彼がここにヴィラ・アンジョリナ（Villa Angiolina）という別荘を建てたのが、リゾート地の始まりである。

その敷地内に、世界各地から船乗りたちが持ち帰った植物を植えた。イジニオ・スカルパは、ヨーロッパの王侯貴族たちを招待した。有名な人としては、ザグレブで紹介したクロアチアの軍人イェラチッチや、オーストリア皇帝フェルディナント1世の妻マリア・アンナがいる。それから、オーストリア貴族の間で知られるようになった。

１８７３年には、オーストリアとリエカが鉄道で結ばれ、その後、ザグレブやブダペストとも繋がる。リエカからオパティアまでは路面電車が敷かれた。

今度はウィーンの鉄道会社が１８８４年にヴィラ・アンジョリナの敷地を買収して、ホテル・クヴァルネルを開業した。翌年（１８８５年）には、ホテル・インペリアルが開業、１８８９年にはヴィラ・アマリア（Villa Amalia）がホテル・クヴァルネルの別館としてオープンした。

ヴィラ・アマリアでは１９０１年に、ルクセンブルクのアドルフ大公の金婚式パーティーも行われている。気候が良いので、療養所もできた。こうして、オパティアはリゾート地となった。

アンジョリナ公園内のヴィラ・アンジョリナ

19世紀から20世紀初頭には、有名な人たちがオパティアに滞在している。その中には、オーストリア皇帝フランツ・ヨーゼフ1世や、ドイツ皇帝のヴィルヘルム2世、イタリアの作曲家のプッチーニやマスカーニなどもいる。公園やフランツ・ヨーゼフ通りという遊歩道もあるので、早めにホテルに到着したら散策したい。

街の中心通りには小さな商店が並び、小さなスーパーマーケットも何軒かある。ちょっとしたショッピングを楽しむ人も多い。

今回のツアー参加者の多くが、スーパーにクロアチアの調味料「ヴェゲタ」を買いに行ったようだ。ヴェゲタ（VEGETA）は塩と野菜をベースにした調味料で、スープのブイヨンとしてよく使う。また魚のムニエルやステーキなどの塩コショウの代わりに使えるので、最近は日本でも人気があるようだ。

クロアチアのお土産といえば、バヤデーラ（Bajadera）のチョコも有名で、スーパーや土産店に売っている。カーニバルのお菓子「クラフナ」という揚げドーナツや、カルロヴァチコやオジュイスコというメーカーのビールも機会があれば試したい。クロアチアには、ベルギーのようにアルコール度の低いフルーツのビールや、トミスラヴというアルコール度の高い黒ビー

商店が並ぶオパティアのメイン通り

海岸で日光浴や海水浴を楽しむ人たち

ルもある。

オパティアに宿泊した翌日は、イストラ半島のポレチュとロヴィニに日帰り観光して戻ってくる。今回は、プーラへは行かなかったが、プーラに立ち寄るツアーも多いので紹介しておく。

イストラ半島

イストラ半島は、この後訪れるトロギールやスプリットなどのダルマチア地方よりも早くにヴェネチア共和国の領土に組み込まれていた。現在のイタリア、ヴェネチアとは文化を共有してきたところである。

クロアチアとイタリアは、国境を接してないが、スロベニア経由で北上すると、北イタリアのトリエステがすぐそばである。また、海の向こう側には、イタリアのヴェネチアやラヴェンナの町がある。「イストラ半島」（Istra）と呼んでいるが、これはクロアチア、スロベニアでの言い方で、イタリア語では、イストリア（Istria）半島と呼ぶ。日本語でもイストリア半島という呼び方のほうがなじみ深いのではないだろうか。

イストラ半島は、紀元前2世紀、ローマに征服されてから、６００年間ほどローマ帝国時代が続いた。西ローマ帝国が滅びた後は、東ローマ（ビザンチン）帝国の支配下に入る。

特にこれから訪れるポレチュは、イタリアのラヴェンナとともに、ビザンチン帝国の文化の影響を受け、美しいビザンチンモザイクが残されている。

その後、6、7世紀に南スラブ族が定住する。そして、ロンゴバルド王国時代を経て、ヴェネチア共和国の支配下に入る。1809年、ナポレオンによってフランス領イリュリア州となったが、ナポレオン後はオーストリア帝国の支配下に入る。第一次世界大戦が終わると、半島全体が、イタリア王国に併合された。そのため、イストラ半島は、他のクロアチアの地域と異なり、1918年に成立したユーゴスラビア王国には入ってない。第二次世界大戦後はユーゴスラビア連邦のクロアチア共和国に組み入れられ、1991年にクロアチアが独立して現在に至っている。

地理上でも歴史上でもイタリアと非常に関係が深かったところで、イストラ半島の町ではクロアチア語のほかにイタリア語の表記をよく見かける。

イストラ半島は、地中海式気候特有の農産物であるワイン、オリーブオイル、トリュフ、干イチジク、はちみつなどの生産地であり、青空市場でこれらの特産物をお土産に探すのも楽しみである。

ポレチュ

最初に訪れるポレチュ（Poreč）は、ローマ時代にはラテン語でパレンティウムと呼ばれた。イタリア語ではパレンツォ（Parenzo）と呼ばれている。現在の人口は1万7000くらいであるが、夏のバカンスシーズンには7万人くらいになる。

紀元前2世紀、400メートル×200メートルの大きさのローマ人の軍営地（カストロ）が建てられたのが町の始まりだ。現在でもメインストリートであるデクマヌス（Decumanus）通りは、このときに造られたローマ時代の道である。

ローマ時代は600年ほど続き、476年に西ローマ帝国が滅んだあとは、一時東ゴート王国の支配を受けたが、その後539年から788年までの約250年間は東ローマ（ビザンチン）帝国の領土となった。ビザンチンモザイクで有名な世界遺産「エウフラシウス聖堂（Eufrazijeva bazilika）」はこの時代に建てられた。

788年にはフランク王国の支配下に入り、一時期は独立、アクイレイア総主教支配の時代を経て、1267年からの500年間はヴェネチア共和国の支配下にあった。町の中には、ヴェネチア時代に建てられたゴシック様式の邸宅も残っている。

18世紀末、ナポレオンの登場によってヴェネチア共和国が幕を閉じた。ナポレオン退位後は、クロアチアの他の地域同様、オーストリア帝国の一部となる。第一次世界大戦で帝国崩壊後は、イタリア王国に併合され、第二次世界大戦の1943年にユーゴスラビアに組み込まれた。

オパティアからポレチュまで、1時間半くらいで到着。バスの駐車場に現地ガイドが待っていてくれたので、下車して徒歩での観光が始まった。この後のロヴィニにも来てくれるらしい。

ポレチュの旧市街は半島となっている。駐車場からスロボダ広場(Trg Slobode)を通って旧市街まで10分ほど歩く。

「スロボダ広場は、英語ではフリーダム広場（自由広場）と言われています。ここには、18世紀に建てられた聖母マリア教会が建っています。正式には、サンタ・マリア・デッリ・アンジェリ教会と言う聖母マリアと天使にささげる教会です。バロック様式で、２００年以上前に建てられたものですが、これから見ていただく建築物と比べると新しいほうです。近くには、郵便局や銀行もありますので、見学が終わってフリータイムをとった後は、ここに集合してください」

今回は駐車場からスロボダ広場を通って来たが、海岸のオバラ・マルシャラ・ティタ(Obala maršala Tita)通りを通ると、市役所や劇場など19世紀の建物が並んでいる。ナロドニ広場には円塔もある。

ポレチュの町と主な建築物は４つの時代に分けることができる。

1、ローマ時代で、町の基礎が築かれた。

2、ビザンチン時代で、これから見学するエウフラシウス聖堂が

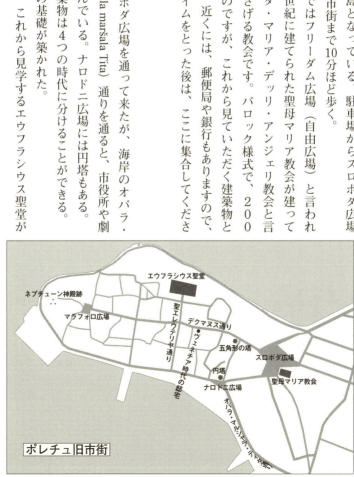

建てられた。

3、ヴェネチア時代で、塔や邸宅が残っている。

4、19世紀から1918年（第一次世界大戦）までのハプスブルク時代で、南側の海沿いにはそのころの建物が並んでいる。

スロボダ広場から西方面へ歩くと、五角形の塔が見える。

「この塔は、15世紀のヴェネチア支配時代の見張りの塔でした。ポレチュはローマ時代の都市計画に基づいて建設された町で、中世には城壁で囲まれていました。ここから西へと延びているデクマヌス通りはローマ時代に造られた通りで、今でも町のメインストリートになっています。長さは400メートルあります。突き当たりには、マラフォロ広場というローマ時代からの広場があります。ローマ時代の神殿もあり、今でも少し遺跡が残っています。デクマヌス通りは、ショッピングストリートでもありますが、この町は500年ほどヴェネチア共和国に支配されていましたので、ヴェネチア時代の15世紀に建てられた邸宅もあります」

メイン通りを歩きながらその建物の前で立ち止まり、ガイドが説明した。

「この建物は、1473年に建てられた、ヴェネチアン・ゴシック様式の家です。シルク商人の家でした。かつては1階に店があり、2階が住居でした」

今度は北へ折れ、聖エレウテリヤ通り（Ul. Sv. Eleuterija）に入ると、前方

エウフラシウス聖堂の入口

に世界遺産エウフラシウス聖堂の入口が見えた。入口上部に美しいモザイク模様がある。

「この入口のモザイクは、オーストリア時代の1902年に造られたものです。当時、入口がみすぼらしかったので、6世紀のオリジナルモザイクと同じように、新しく改築しました」

右手には司教の館がある。

入場すると最初に、ローマ時代の「アトリウム」がある。アトリウムとは、ローマ時代の大邸宅で玄関を入ったところにある中庭のような空間である。後にキリスト教が認められると、信者の礼拝堂として大邸宅やバジリカ（裁判所など公共の建物）が集会所として利用された。そのため、初期のキリスト教教会が建てられたときには入口にアトリウムが設けられ、それをバジリカ様式と呼んだ。たいていの教会は、信者が増えると増改築され、そのときにアトリウムは取り壊された。

「この教会は、もともと4世紀の初期キリスト教時代に、教会として建てられました。モザイク壁画のある建物など、主要な部分は6世紀に建て替えられましたが、4、5世紀の部分もたくさん残っています」

アトリウムの奥には、4、5世紀に使っていた洗礼堂があり、八角形の洗礼場がある。

「キリスト教では洗礼が行われますが、当時は今のような洗礼盤でなく、バスタブのような大きなも

入口の新しいモザイク（1902年）

ので、体ごと浸かっていました。14世紀からは教会内に洗礼盤が設けられました」

洗礼堂には塔があり120段の階段で上ることもでき、塔の上からは美しいアドリア海が見下ろせる。

アトリウムから北側の建物に入ると、4、5世紀のモザイクが残されている部分がある。

「ここは、5世紀に司教の館だったところです。柵の向こうにオリジナルのモザイクが残されています。魚のモザイクは、キリストを表しています」

その東側は、司教の館の庭だったところで、19世紀に4、5世紀のローマ時代の教会のモザイク床が発見された。

すぐ北側は海である。

モザイク床の上を通りながら、6世紀のバジリカへ向かう途中に、聖マウロの棺がある。

「聖マウロは3世紀の人で、クロアチアで最初の司教だった人です。5世紀の教会の部分の中から発見されました」

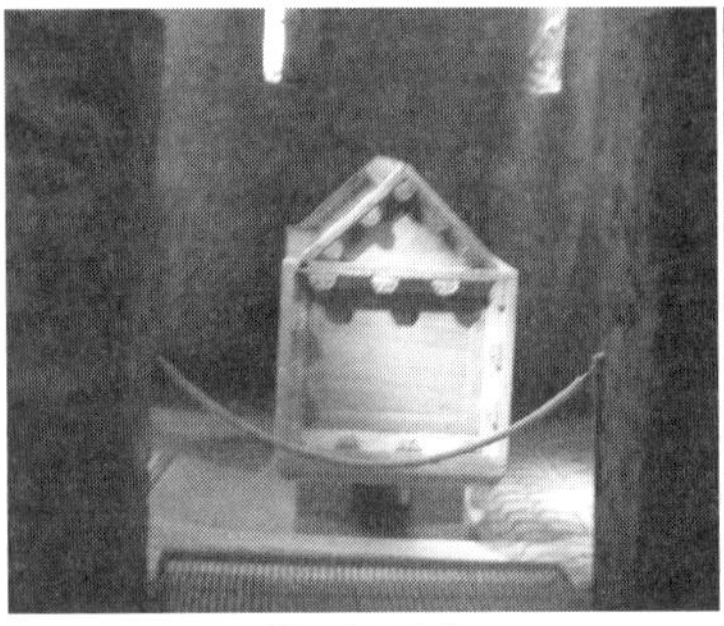

聖マウロの棺

4、5世紀のモザイク

さて、いよいよ、ポレチュのハイライトである。ビザンチン時代のきらびやかなモザイクが残るバジリカに入る。

ツアー客が、「わあーっ」と（しかし教会内部なので遠慮気味に）歓声をあげた。

「この教会は6世紀に建てられ、2回修復しましたが、大部分が6世紀のオリジナルです。特に美しいのは、祭壇上の金色に輝くばかりのビザンチンモザイクのタイルです。上部中央にはキリストがいます。左右に並ぶのは、キリストの12人の使徒たちです。キリストのすぐ左側には天国への鍵を持つ聖ペテロが、すぐ右には聖パウロがいます。キリストの下のアーチのところには、中央に子羊がいます。子羊はキリストを表しています。この列の円いモザイクは、12人の殉教した女性が表されています。子羊のすぐ右の女性は、この後のロヴィニで登場する聖エウフェミアです」

聖エウフェミアについては、ロヴィニで説明したい。

「また、その下の段も、重要な人物が並んでいます。中央には幼子イエスを抱く聖母マリア、すぐ左に天使がいて、その左にはクロアチア最初の司教聖マウロです。先ほどの棺の人です。その左には、聖エウフラシウス、その左は同じエウフラシウスという名ですが、クラウディウスの息子、さらにその左がこの教会の建築家であるクラウディウスです」

ビザンチン時代のモザイク

手前には「チボリウム」と呼ばれる天蓋付きの祭壇がある。

「この祭壇は、13世紀のヴェネチア時代に造られたものです。下の土台には、ギリシャとイタリアの大理石と貝殻が使われています。祭壇の右のほうには、『エリザベスを訪問するマリア』が、左には、天使ガブリエルによってマリアに受胎を告げる『聖母マリアの受胎告知』が描かれています」

この教会が建てられた6世紀は、カトリックも正教も区別がなかった。

「今は、カトリック教会として、毎日ミサが行われています。結婚式を挙げることもできます」

ガイドの案内はここまでで、この後フリータイムとなった。

ロヴィニ

ポレチュからロヴィニまでは、バスで40分くらいかかった。途中、ロヴィニの北5キロのところで、右手に「リム・フィヨルド」と呼ばれる美しい入り江が見られる。「フィヨルド」といっても、ノルウェーのフィヨルドのように氷河の浸食によってできたものではなく、パジンチツァ川の河口が連なって10キロほどの湾になったところである。

天気が良いので、ボートに乗っている人もいる。カキの養殖でも有名で、シーフードレストランもある。ポレチュやロヴィニからリム・フィヨルドへ行くボートのツアーが出ている。

ロヴィニ（Rovinj）は、１２８３年にヴェネチア共和国に組み込まれ、ナポレオンによってヴェネチア共和国が解体させられる１７９７年までの５００年間、ずっとヴェネチア共和国の支配下にあった。

この町は、元々島だったが、中世のヴェネチア時代に人口が増え、民家が旧市街からあふれて、本土にまで広がっていった。そのために、１７６３年には、島と本土との海峡が埋め立てられ、ロヴィニは半島となった。

ちなみに、クロアチアには、海峡を埋め立てて町を一つにしたところが複数ある。先ほど訪問したポレチュもそうであるし、ドブロヴニクも海峡を埋め立てている。

ロヴィニの名前が初めて文献に現れるのは、８世紀のことで、ラヴェンナ（イタリア）で書かれた書物に出てくる。当時は、「ルジニウム」と言われていた。

（ロヴィニ観光）

バスを下車したところで先ほどのガイドと合流した。

「この辺りから見える旧市街は北側で、プライベートのアパートもあります。こちらはあまり修復されていないのですが、南側はきれいに修復されてペイントされています。ロヴィニは１５０００人ほどが住んでいますが、旧市街には７００人ほどしか住んでいません。もともと、ポレチュ

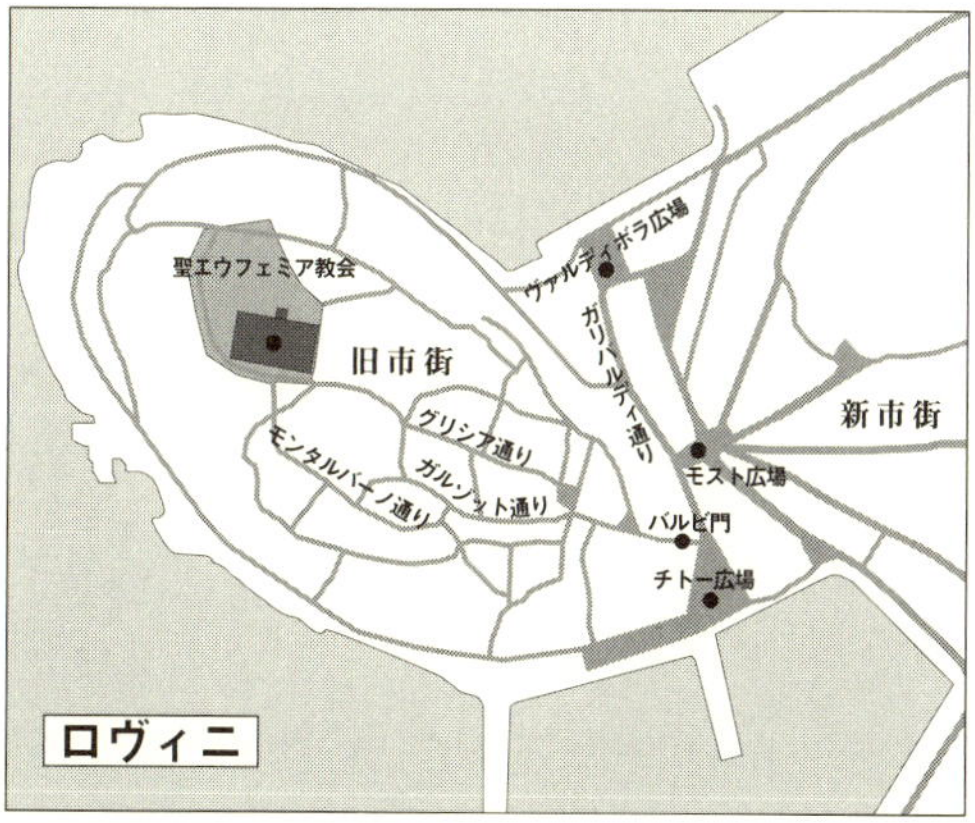

は商人の町で、ロヴィニは漁師の町でした」

海沿いに旧市街方面に歩くと、青空市場のある広場にでる。この広場は、ヴァルディボラ広場という名前であるが、この広場からジュゼッペ・ガリバルディ通り（Ul. Giuseppea Garibaldija）を通って、まずは町のメイン広場であるチトー広場まで歩いた。ガリバルディ通りのまん中にはモスト広場（TRG NA MOSTU）がある。

「モストは橋のことです。ここには橋がありました。ここから延びるピエトロ・イヴェ通りは昔海峡だったところです」

広場の壁のところにはクロアチア語の他に、イタリア語でもピアッツァ・ポンテ（PIAZZA DEL PONTE＝橋広場）と表示がある。

「この広場から新市街へ向かって４本の細い道が延びています。新市街には18世紀の聖フランシスコ教会があります」

町のメイン広場であるチトー広場には、17世紀に建てられた後期ルネッサンス時代の時計塔がある。ここにもヴェネチア共和国の翼を持つライオンの浮彫がある。

チトー広場のすぐ近く、旧市街方面に建つ「バルビ門（Ballbijev luk）」は、１６８０年のヴェネチア時代に建てられたかつての城門であり、旧市街への入口であった。

「門には、ヴェネチア共和国のシンボルである翼のあるライオンと、町の有力者だったバルビ家の紋章がついています」

門のアーチにトルコ帽の形をした浮彫もある。

門をくぐると、左手に赤い建物が見えてくる。

「これは、市庁舎です。14世紀のヴェネチア時代に建てられたもので、今でも使われています。ここにも、ライオンの浮彫が見られます。表には、クロアチア語とイタリア語で表示されています。ロヴィニの人口の16パーセントほどはイタリア人です」

ここからまっすぐいくと広場がある。

「この小さい広場は、14世紀から18世紀までは町の中心広場だったところです。14世紀以前に市役所として使われていた茶色い建物は今はレストランになっています。ここから聖エウフェミア教会へ行く道が3本あります。一番左のモンタルバーノ通りが一番古い通りです。今日はその右のガルゾット通りを歩きましょう。この通りには16世紀にユダヤ人の居住区だったところがあります。途中からグリシア通りに合流します。グリシア通りは芸術家の小路で絵画やアクセサリーのお店が多く並んでいます」

10分ほどで教会に到着した。

〈聖エウフェミア教会〉

「聖エウフェミア教会は、イストラ半島で一番大きなバロック式の教会です。17世紀に建てられました」

バルビ門

バロックというと、ローマやウィーンなどで見られるグニャグニャとゆがんだ建築物や彫刻が多く、派手な装飾というイメージがあったが、このバロック式の教会は、大変シンプルで、すっきりとした外観を持っている。

「鐘楼の高さは63メートルで、上には聖エウフェミアの像が立っています。エウフェミアは、車輪で拷問されたので、車輪をもっています」

元々この教会は、5、6世紀に建てられた聖ユライ（ラテン名ゲオルギウス）教会に由来する。ゲオルギウスは、トルコのカッパドキア出身の古代ローマ時代の殉教者であった。

カッパドキアに毒を振りまく竜がいて、それを退治したという伝説が残っている。後述するディオクレティアヌス帝（245～313年）時代の人で、迫害され首を切られた。人々をキリスト教に改宗させ、聖人となっている。

また、この教会を有名にしているのは、教会の名前となっている聖エウフェミアの伝説である。エウフェミア（289～304年）も、ディオクレティアヌス時代の女性殉教者である。コンスタンチノープルの対岸にあるカルケドンという町で貴族階級の娘として生まれた。現在のトルコのイスタンブールのアジア側にあるカドゥキョイ地区である。

その頃は、ローマ帝国内であったが、まだキリスト教が公認される前であり、コンスタンチノープ

聖エウフェミア教会

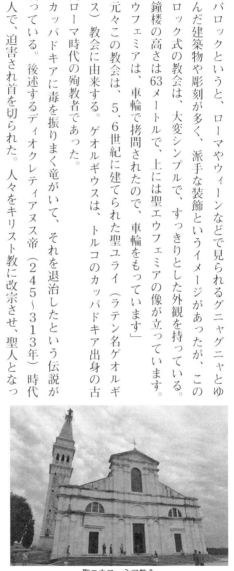

ルでさえ、コンスタンチノープルとは呼ばれていない時代であった。

ディオクレティアヌス帝の後に登場するコンスタンティヌス帝の時代に、ローマ帝国の首都がローマから移されたのが、皇帝の名前を付けたコンスタンチノープルであり、彼の時代にようやく、キリスト教が公認されたのである。

ディオクレティアヌス帝の話は、のちほどスプリットに行くときにお話しするが、彼は、キリスト教徒を迫害したローマ皇帝として、大変有名である。当時、ローマ帝国では多神教であり、キリスト教は新興宗教であった。エウフェミアは、ディオクレティアヌス帝に迫害された。

３０４年9月16日のことであった（３０３年という説もある）。15歳の少女であったにもかかわらず、車輪で拷問された上に、当時、カルケドンにあった円形闘技場で、ライオンにかみ殺されて殉教したとされる。

「ところが、そのライオンは、その後、その回りをうろうろしただけで、彼女をそれ以上襲うことも、近づくことも、食べてしまうこともしませんでした（ライオンに食べられず、剣で刺されて殉教したという説もある）」

周りの人々は驚いた。当時は、ローマ帝国でのキリスト教徒迫害は、円形闘技場で行われることも多かった。そして、それは見世物として多くの

棺の背後にある殉教の絵

聖エウフェミアの棺

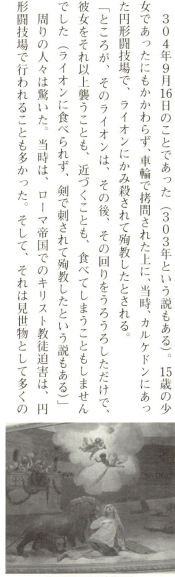

見物客が楽しみに見に来ていた。

この奇跡により、エウフェミアは死後、列聖されて聖女エウフェミアとなった。

聖エウフェミアの遺体は、信者たちによって、故郷のカルケドンの教会に納められた。しかし、カルケドンがペルシャ人に占領されたので、聖エウフェミアの遺体は7世紀に、コンスタンチノープルに移された。その後、聖像破壊運動が起こり、安全な保管が難しくなった。

「その時です。ここからは、伝説なのですが、800年7月のある暗い嵐の夜のことでした。彼女の遺体を納めた大理石の棺が、コンスタンチノープルから消えてしまいました。そして、このロヴィニの町の沖合に突然現れたのです。村人たちは、何頭もの馬や牛を使って、棺を岸にあげようとしましたが、大理石なので重くて持ち上げられません。その時、突然、幼い少年が、2頭の子牛とともに現れて、その棺を引き上げたのです。たった2頭の子牛で引き上げたことに、村の人たちは驚きました」

そして、丘の上の聖ユライ（ゲオルク）教会に奉られ、聖エウフェミアの教会と呼ばれるようになった。エウフェミアは、ロヴィニの守護聖女となった。

主祭壇には、聖エウフェミアの棺が安置され、その左右には2枚の絵が掲げられている。一枚は、円形闘技場での殉教シーン、もう一枚は、ロヴィ

棺の背後にある石棺を引き上げる絵

ニの沖合に着いた石棺を引き上げるシーンである。

有料だが、教会の塔に上ることができる。塔は63メートルあるが階段を上る。教会は丘の上にあるので海が見渡せる。

「ここからイタリアのヴェネチアまでは１００キロ、船で3時間40分でいけます。イタリアン・アルプスまでは１３０キロなので、晴れた日には見ることができます」

教会見学後は、別の道を下り、市場のところまで戻った。細い坂道で迷路のように見えるが、どの道を下っても戻れるようになっている。教会の周りには、低い建物が多い。

「この辺りの低い建物は、もともとはヤギ小屋や羊小屋でした。今はアパートとして使われています」

市場周辺でフリータイムをとり、バスへ戻った。

プーラ

ローマの円形闘技場で有名なプーラ（Pula）は、イストラ半島の南端にある。ポレチュからは1時間半、ロヴィニからは40分ほどである。ザグレブやリエカ、リュブリャーナから鉄道でも行くことができる。

鉄道で来たときには、駅は町の北にあるので、まっすぐ

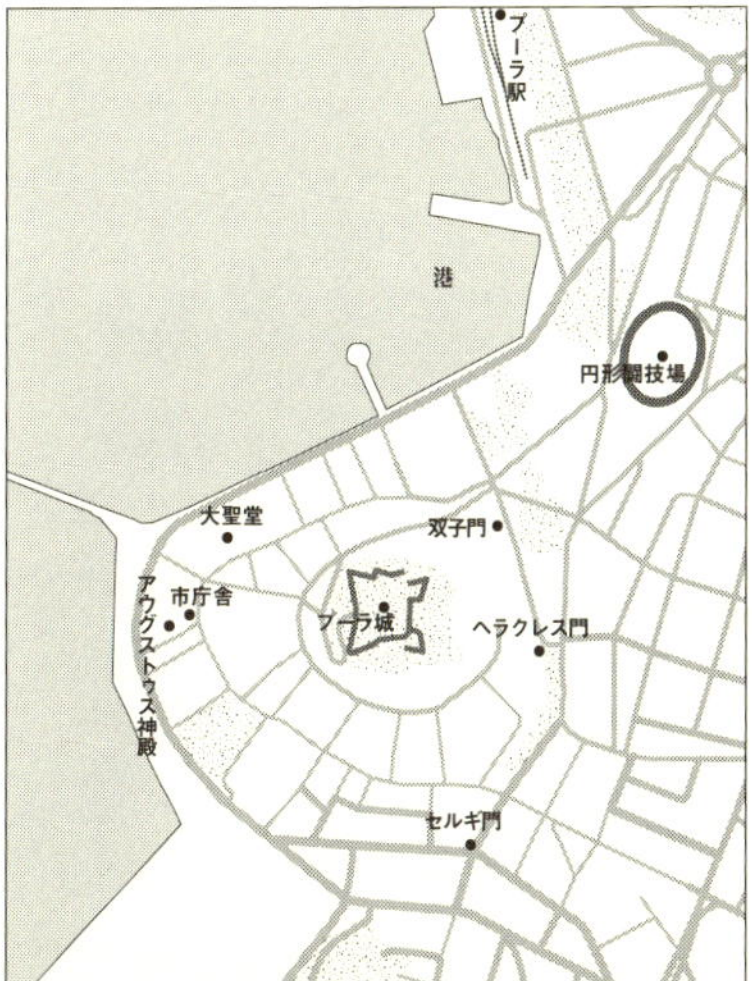

プーラ旧市街

800メートルほど南下すると円形闘技場が見えてくる。

バスツアーでは、港の近くで下車して、徒歩で町を回って戻ってくる。

イストラ半島は、紀元前177年にローマ人によって征服された。プーラには、闘技場だけでなく、神殿や凱旋門など、ローマ時代の建物が数多く残っている。

ローマ時代のプーラは、上下水道も完備され、浴場もあった。

プーラの円形闘技場は、ローマのコロッセオよりも古く、1世紀の初代ローマ皇帝アウグストゥスの時代に建設された。ヴェローナ（イタリア）のアレーナとほぼ同時代のものである。第4代皇帝クラウディウスの時代に人口が増えたので大きくし、コロッセオを建てさせたヴェスパシアヌス帝により、さらに拡張されて、現在見られる大きさになった。

直径132×105メートルの楕円形で、高さは30メートル、2万3000人収容なので、収容人数としてはローマのコロッセオの半分の規模である。10クーナ札のデザインとなっている。

イストラ半島で採れる白い石灰岩で造られている。

ローマ時代には、ここで剣闘士たちの闘いが繰り広げられ、見世物となっていた。観客は無料で自由に入場できた。

プーラの円形闘技場

5世紀に剣闘が禁止された後は、家畜市として使われた。円形闘技場以外にもたくさんのローマ時代の遺跡がある。闘技場から南西へ歩いたところにある「双子門」は、1、2世紀にかけて建築された門で、ローマ時代に町を取り囲んでいた城壁の門の一つである。かつては10の門があったが、現在3つだけ残っている。もう少し南にいくと、ヘラクレス門、そしてセルギ門がある。他にも、ローマ時代の中心広場フォロには、アウグストゥスの神殿があり、隣には市庁舎がある。1296年に建てられた。

プリトヴィツェ

（プリトヴィツェへのルート）

プリトヴィツェ（Pritvice）は、ザグレブから100キロほどのところにある。クロアチア北部から高速道路を走ると、ビールで有名なカルロヴァッツ（Karlovac）を経由する。リエカ方面からでも、高速道路を通る場合は、カルロヴァッツを経由して行く。リエカ方面からだと、高速を通らず、クルク島を右手に見ながらアドリア海沿いを走ることもある。その場合は、セニ（Senj）の近くから内陸へと入っていく。セニのドライブインでトイレ休憩を取ることもある。

クルク島（Krk）は、アドリア海沿岸では最大の島で、面積は4万平方キロ、種子島より少し小さいくらいで、17000人ほどの人が住んでいる。気候は温暖で、島の中心であるクルクの町から東へ10キロほどのところにあるヴルブニクは、ブドウ栽培が盛んでワインの名産地である。

1980年に島の北部に1430メートルのクルク橋ができて本土とつながったので、陸路で行くこともできる。島の北側に空港があり、リエカに近いので「リエカ空港」と呼ばれている。

クルクの町は、本土とは反対側、島の南西にあるので、ツアーバスの車窓からは見えない。

クルク島のバシュカ（Baška）には、グラゴール文字で書かれた最古のバシュカ石碑が残されている。現在のクロアチア語の表記はラテン文字だが、ラテン文字が普及する前は、ロシアやセルビアで使われているキリル文字の原型であるグラゴール文字が使われていた。

グラゴール文字は8世紀にギリシャの神学者キュリロス（ロシア語でキリル）によってスラブ語へ聖書を翻訳するために考案された。

キュリロスの死後、弟子たちによってグラゴール文字を改良したキリル文字が作成されると、正教会の勢力圏ではグラゴール文字にかわってキリル文字が広まった。しかし、カトリック圏であるクロアチア沿岸地域では近代まで一部で使用されていた。

バシュカは、クルク島の南東側にあるリゾート地でもあり、2キロも続くビーチがある。

バシュカ石碑

高速道路でプリトヴィツェへいくツアーであれば、途中、プリトヴィツェの手前の「ラストケ村（Rastoke）」に寄るコースもある。以前は、自由に道路にバスを停車して10分ほどの写真タイムをとっていたが、今はレストランで食事をするのでもない限りは無料で停車できなくなった。

川床料理で有名な京都の貴船のように、川沿いに木造や石造の家が20、30軒並ぶ小さな村だ。

ラストケ村は、スルンチツァ川とプリトヴィツェを源とするコラナ川との合流地点にある。家の下や家と家の間から滝が流れ落ち、古い水車もあって、とても絵になる。

プリトヴィツェもそうだが、このあたりも９０年代のクロアチア内戦の舞台となった。

ラストケ村

〈プリトヴィツェ湖群〉

プリトヴィツェ湖群は、マラ・カペラ山脈斜面の南東端とリチカ・プレシェヴィツァ山脈の間にある。どちらの山脈も１０００メートルを超えている。

観光客は春夏秋が多く、特に7、8月に集中するが、一年中オープンしており、行った人の話では、冬の積雪時もとても美しいそうだ。冬には滝も凍る。

プリトヴィツェ湖群国立公園（Nacionalni park Plitvička jezera）内には、大小合わせて16の湖と92の滝があるが、湖と湖が早瀬や滝をつたって下の湖、川へと落ちていく。公園の面積は、琵琶湖の半分くらいもある。

プリトヴィツェの地図を見ると、左の上に「上湖群（Gornja Jezera）」と書かれている。通常、「上の湖」と呼んでいるところで、一番高いプロチチャンスコ湖辺りで、海抜が６３７メートルほどある。源はプロチチャンスコ湖よりも上流にあるツルナ（黒）川とビエラ（白）川で、合流してマティツァ川となり、プロチチャンスコ湖へ流れ込み、ここから湖沼が続いている。

その下にオクルグリャク湖、ガロヴァツ湖、グラディンスコ湖などがあり、最大面積のコジャク湖までを上の湖と呼んでいる。コジャク湖で海抜５３５メートルある。

そこから東側（１４０頁地図上では右側）が「下湖群（Donja Jezera）」と書いてあるが、「下の湖」と通常呼んでいるところである。

下の湖は、ミラノヴァツ湖、ガヴァノヴァツ湖、カルジェロヴァツ湖などがあり、一番標高の低いサスタヴツィが４８３メートルである。

この標高差１５０メートルほどを、川、湖、そして階段状の滝が結んでいる。サスタヴツィ（Sastavci）の近くに、コラナ川（Korana）の源流がある。

コラナ川がプリトヴィツェ湖群国立公園を出て北方向へと進み、スルンチツァ川とラストケ川が合流し、その後、ムレジニツァ川と合流して、カルロヴァッツでクパ川に、さらにサヴァ川に合流、サヴァ川からドナウ川へと流れ、黒海へと注いでいる。つまり、コラナ川はドナウ川の支流なのである。ちなみに、ドナウ川は全長2860キロの国際河川で、ドイツの黒い森地方に源があり、オーストリア、スロバキア、ハンガリー、クロアチア、セルビア、ブルガリア、ルーマニアの主に8か国を流れている。

湖一帯はカルスト地層となっていて、そこに降った雨が長い年月をかけて地下の石灰岩の間をくぐり抜け、一番下にある水を通さない粘土砂岩まで到達する。

これより下へ行けなくなった水が、地下水脈となり、カルスト湖として地下に蓄えられる。この源泉から湧き出た泉が、石灰岩層を通り、浄化されて、再び地表に現れる。そのために水が透明になる。公園内を歩いていると、湖の底が白く見える。水の中にある岩も白い石のように見える。この白いものは、日本の温泉の湯の花のようなもので、石灰華《せっかいか》と呼んでいる。石灰岩質を流れる湖に含まれる炭酸カルシウムが固まって出来上がったもので、水を浄化させる働きをする。また、積もると水の流れを止める。止められた水は別のところからあふれ出してしまうので、それによって水の流れが変わってしまうこともある。

マラ・カペラ山脈とリチカ・プレシェヴィツァ山脈の間にプリトヴィツェ湖があることが初めて記されたのが、16、17世紀にオスマン帝国領とオーストリア帝国の境界を定めるため、軍事上の要請で作られた地製図であった。

1777年に初めて文書により紹介された。それには、「トルコ国境の深い森の中にある5つの美し

プリトヴィツェ湖群国立公園

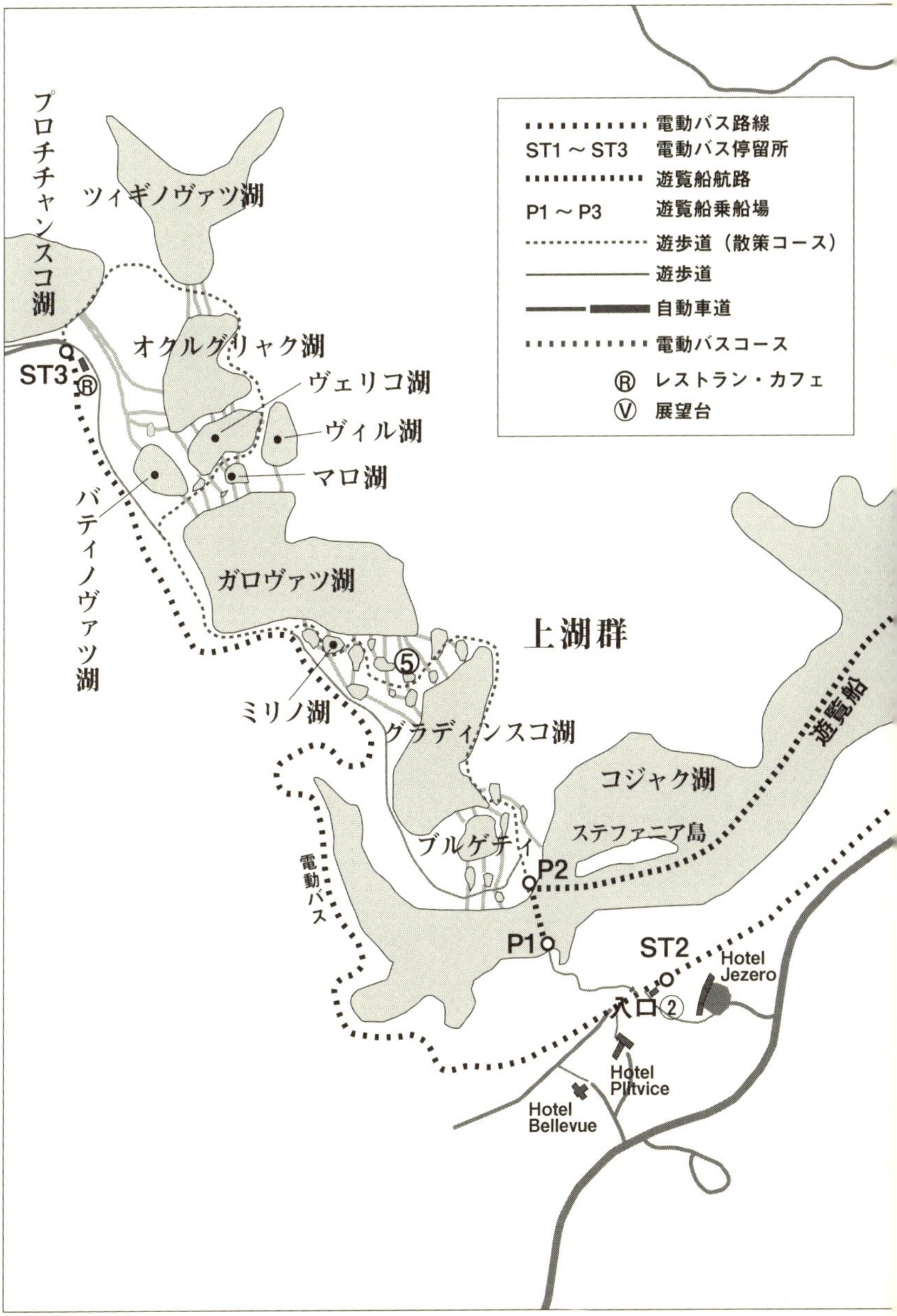
電動バス路線
ST1 ～ ST3　電動バス停留所
遊覧船航路
P1 ～ P3　遊覧船乗船場
遊歩道（散策コース）
遊歩道
自動車道
電動バスコース
Ⓡ レストラン・カフェ
Ⓥ 展望台
プロチチャンスコ湖
ツィギノヴァツ湖
オクルグリャク湖
ヴェリコ湖
ヴィル湖
マロ湖
バティノヴァツ湖
ガロヴァツ湖
上湖群
ミリノ湖
グラディンスコ湖
コジャク湖
ステファニア島
ブルゲティ
遊覧船
電動バス
ST3
ST2
P1
P2
入口
Hotel Jezero
Hotel Plitvice
Hotel Bellevue

い湖」と書かれており、「悪魔の庭」とも呼ばれていた。

現在、プリトヴィツェの東側は、ボスニア・ヘルツェゴビナとの国境である。

１００年ほど前にこの湖の美しさが初めて注目を集め、自然史学者たちは、これを保護することを主張した。１９２０年代に初めて法的に保護を受け、１９４９年4月8日に国立公園として指定され、１９７９年1月にはユネスコの世界遺産として登録された。

公園内には、１０００種以上の植物がみられる。中でも一番多いのがブナで、他にナラ、ニレ、ヴェネチア・うるし、カエデ、松、トウヒ、野生ヒヤシンス、ウマノアシガタなどがある。

生物は、湖にはマス、イワナ、チャブなどが生息している。

散策中は気が付きにくいが、公園内には、１５０種ほどの鳥が生息しており、一番多いのがフクロウ、喉白カワセミである。

他にも、キツツキ、コマドリなどや、スズメ、カササギ、カラス、ツバメ、ひばりなどは目にすることもあるようだが、大勢の観光客の中で湖に落ちないように足元を見ながら歩くので、鳥が飛んでいるのは気が付きにくいかもしれない。

野生動物では、ヒグマ、イノシシ、ヤマネコ、シカなども生息している。

クマの調査が始まったのは１９８１年で、クマの首に無線発信機を取り付けて行動を調査した。調査の結果、ヒグマは食物の95パーセントを植物でとっていることや、寿命が10年から20年ということ、1月にメスグマが出産することなどが明らかになった。

（プリトヴィツェ湖畔散策）

バスは、そろそろプリトヴィツェ湖群国立公園に入ってきた。ハードなツアーで、スプリットからバスで走ってきて、観光後にはもうザグレブまで走るような駆け足ツアーもたまに見かけるが、プリトヴィツェでは、ぜひ一泊してゆっくりと散策したい。

今回はホテル・イエゼロ（Hotel Jezero）の宿泊で、昼食をとった後、たまたまチェックインが早くできたので、現地の英語を話すガイドと合流、入口①から入場してのハイキングを開始した。

公園には、入口①と②の2か所の入口がある。先に上の湖へいく場合や、ホテル・イエゼロから直接歩いていく場合は、入口②が近い。

入口②から入ると、入口近くのＳＴ２からＳＴ１やＳＴ３に行く電動バスも出ているので、公園内をバスで移動してから湖畔を歩くこともできる。園内の移動手段は、徒歩、バス、ボートがある。

入口①を入ってしばらく行くと、谷底に美しい景色が見えてくる。坂を下る前に少し景色を見ておこう。下ってからまた引き返すのは大変である。

坂を下りる途中に見える景色

入口①

まずは、入口から標高の一番低いサスタヴツィ（Sastavci）（483メートル）のところまで下っていき、公園最大の滝ヴェリキ・スラップ（Veliki slap）までいく。ヴェリキは大きいという意味、スラップが滝である。78メートルの長さで、プリトヴィツェ川から流れているため、プリトヴィツェ滝とも呼ぶ。そばに、ノヴァコヴィツァ・ブロッド湖（Novakovića Brod jezero）という小さな湖がある。ちなみにイエゼロ（jezero）とは湖のことである。

滝の見学後は少し戻り、カルジェロヴァツ湖（Kaluđerovac）とガヴァノヴァツ湖（Gavanovac）の間を通る木でできた遊歩道を歩く。遊歩道の脇をカヴァノヴァツ湖からカルジェロヴァツ湖へと水が流れ落ちていて、歩いていてとても気持ちがいい。

ガヴァノヴァツ湖畔を通り過ぎるとミラノヴァツ湖（Milanovac）が右手に見えてくる。

湖には、名称と水深が書かれた木の立札があるのでわかりやすい。個人で歩く場合も、行き先さえ地図で確認しておけば、矢印のついた立て看板をたよりに歩ける。

今はＰ３に向かって歩いているので、Ｙ字路ではＰ３と書かれている方へと進む。

木製の遊歩道

大滝（ヴェリキ・スラップ）

ミラノヴァツ湖は下湖群では最大で、長さが５００メートル、幅は50から90メートルほどで、海抜５２４メートルのところにある。深さは18メートルである。

ここでは、「ミルカ・トルニナ滝（Slap Milke Trnine）」が見られる。

「ミルカ・トルニナは、クロアチアのオペラ歌手で、１８９７年にザグレブの歌劇場で公演したときの出演料をプリトヴィツェ湖保護協会に寄付した人です」

岩場にある女性の顔を彫ったプレートを指してガイドが言った。

ミラノヴァツ湖沿いを歩くと今度は、「ミラノヴァツ滝（Milanovački slap）」という10メートルと16メートルの２本の滝がある。

途中、グスタフ・ヤネチェック（１８４８〜１９２９）の記念碑もある。

「彼はチェコ生まれのザグレブ大学の薬学教授だった人です。１８９３年にプリトヴィツェ湖の保護団体を設立し、ホテルやレストランを建設するために寄付しました。記念碑の左上に、チェコ語とクロアチア語で詩が書かれています」

ミラノヴァツ湖までの４つの湖を下の湖と呼んでいる。

ミラノヴァツ滝を見てしばらく行くと、今度は公園最大の湖コジャク湖が左手に見えてくる。Ｐ３の休憩所までもう少しである。

湖の名称と広さ、深さを記した標識

ミルカ・トルニナ滝とミルカ・トルニナのプレート

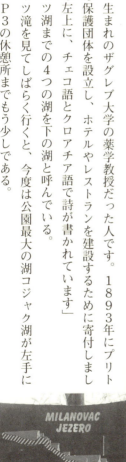

コジャク湖（Jezero Kozjak）は、長さが２・３キロほどの湖で水深は一番深いところで46メートル、南端の浅いところで26メートルと深さが異なる。

休憩所には、トイレ、カフェ、土産店がある。

このＰ３からコジャク湖の遊覧船に乗る。20分ほどでＰ２に着く（日によって先にＰ１に着くこともある）。

コジャク湖には、全長２８０メートルの細長い島がある。「ステファニア島」という名がつけられている。１８８８年、オーストリア皇女ステファニア（シュテファニー）がここを訪れたことから名づけられた。

当時クロアチアは、オーストリア＝ハンガリー帝国の一部であった。ステファニアはベルギー王女であったが、オーストリア皇帝フランツ・ヨーゼフ1世とエリザベート皇妃の息子ルドルフ皇太子の元へとお嫁入りをしていた。翌１８８９年にはルドルフは男爵の娘マリア・ヴェッツラーを道連れにピストル心中を遂げた。ステファニアは、１９００年にハンガリーの伯爵と再婚した。

船がＰ２に到着後、ガイドはここで終わりとなり、グループは2つに分かれた。すでにホテルのチェックインをしているので、戻りたい人は添乗員である私と一緒にＰ２から船に乗ってＰ１まで行き、そこから階段と坂を登ってホテルへと戻った。Ｐ１からホテル・イエゼロまでの上り階段は結構きつい。

Ｐ３にあるカフェ

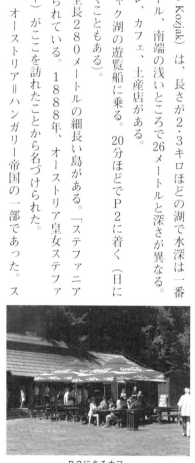

公園の出口を出てホテルに戻ってからでも、もう一度入りたい人は、チケットを見せると、今日中であれば入ることができる。P1のそばには貸しボートもあるので、ボートに乗った人もいた。

もし体力があれば、上の湖までの散策がおすすめである。

今回はフリータイムだったので、希望者だけ自由に行ってもらったが、途中で分かれ路があり、迷うこともあったようだ。

何年も前のことだが、ツアーのパンフレットに「希望者には上の湖まで案内します」と書いてあったにも関わらず、ガイドがついていないことがあった。しかたがないので添乗員である私が同行することになったのだが、途中で道が2つに分かれているところもあり、いろんな人に道を聞きながら歩いたことがある。

上の湖まで歩きたいという人は、湖全部を案内するガイドがついたツアーを選んでほしい。ゆっくりと時間をかけて散策するのも楽しいものである。

下の湖から上の湖に向かって歩く方が、滝や湖が前方に見えてくるのでおすすめであるが、体力に自信がない人は、上の湖から下に向かって歩くこともできる。

まず、P2からP1へボートで渡り、P1からST2まで歩いて、電動バスでプロチチャンスコ湖のそばのST3まで行き、下ってくればいい。

P3乗船場

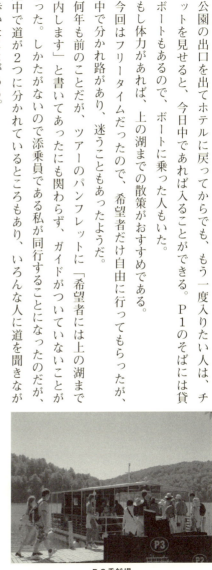

上の湖は、コジャク湖を含めて12の湖がある。

Ｐ２を出発するとすぐに、小さな湖がいくつもあるブルゲティと呼ばれる場所を歩く。どの湖も水深が２メートルほどで浅い。コジャク湖とグラディンスコ湖（Gradinsko jezero）の間にある。グラディンスコ湖（イェゼルツェとも呼ぶ）の水が、ブルゲティの小さな湖を通ってコジャク湖に流れていく。せせらぎの上にかけられた遊歩道を歩いていくと、緑色の湖の底に沈んだ倒木が見える。

グラディンスコ湖と上のガロヴァツ湖の間には、プリトヴィツェで最も優美な滝といわれるプルシュタヴツィ滝（Veliki Prstavac）がある。滝のあるところは海抜５５３メートル。

そこを過ぎると海抜５６４メートルの小さなミリノ湖がある。

ガロヴァツ湖（Galovac）は、コジャク湖、プロチチャンスコ湖に次いで３番目に大きな湖で、面積は０・12平方キロメートル。南北５００メートル、東西３００メートルの長さがあり、最深部は24メートルである。

その上にまだ、ヴィル湖、バティノヴァツ湖、オクルグリャク湖などがある。ツィギノヴァツ湖が見えるところを通り、プロチチャンスコ湖の湖畔を通り過ぎるとＳＴ３に到着する。ＳＴ３にはカフェやトイレがある。ＳＴ３か

湖の底に倒木が見える

ブルゲティのせせらぎ

らは電動バスでホテルのあるST2まで戻ろう。

ツアー参加者から、よくパンフレットに使われている写真の景色を見たいといわれることがある。その場所に行くには、最初に行ったヴェリキ・スラップ（大滝）の滝つぼの手前にある階段を上ると、車の通る一般道に出るので右に折れ、一般道を50メートルくらい歩くと小屋があり、プリトヴィツェ川にかかる小さな橋がある。橋を渡ったすぐのところに展望台の標識（Vidikovac-sightseeing point）があるので矢印通りに細い道を右に入って行くと展望台に出る。ただし、フリータイムがないと難しい。

プルシュタヴツィ滝

（クロアチアの内戦）

今では、大勢の観光客で賑わうプリトヴィツェだが、９０年代に起こったクロアチア内戦では、プリトヴィツェが戦争の舞台となった。セルビア強硬派のグループがプリトヴィツェ湖周辺のいくつかの村の道路上に丸太を置き、湖への訪問者を阻止しはじめた。公園のスタッフは追い出され、公園はセルビア人に占領された。周りの家々が焼かれ、森の中に砲弾の音が響き渡った。森の中に生息している動物も姿を消した。戦災の影響は大きく、「危機に瀕する世界遺産」リストにも掲載された。

スロベニアとは異なり、クロアチアには多くのセルビア人が居住していた。

クロアチア国内にセルビア人が住むようになったのは、ハプスブルク帝国時代にオスマン帝に備えて、コソボのセルビア人をクロアチアのスラヴォニア地方やオスマン帝国領であったボスニアとの国境地帯へ移住させたのが原因である。

1990年に複数政党制による自由選挙が行われ、クロアチアの独立を掲げる民族主義政党が政権をとった。

独立に反対するセルビア人は、道路を丸太で封鎖して、ダルマチアとクロアチア中央とを分断する行動に出た。セルビア人が多く住むクライナ地域と東スラヴォニア地域でセルビア人だけによる住民投票を実施して自治組織を結成する。

1991年3月には、東スラヴォニアを巡ってクロアチア人とセルビア人との間で紛争が起こり、また、プリトヴィツェでも争いとなり死者が出た。6月25日にスロベニアとともにクロアチアが独立を宣言すると、共和国軍とセルビア人武装勢力との衝突が繰り返される。そこに、セルビア人の保護を掲げてユーゴスラビア連邦人民軍が介入し、内戦に突入。セルビア人勢力は、91年12月に「クライナ・セルビア人共和国」を宣言、一時はクロアチアの3分の1を占めていた。

しかし、1995年年8月4日に始まったクロアチア軍による一斉攻撃（嵐作戦）によってクライナ・セルビア人共和国は消滅。5年間に及んだセルビア人占領地域はようやくクロアチアに戻った。

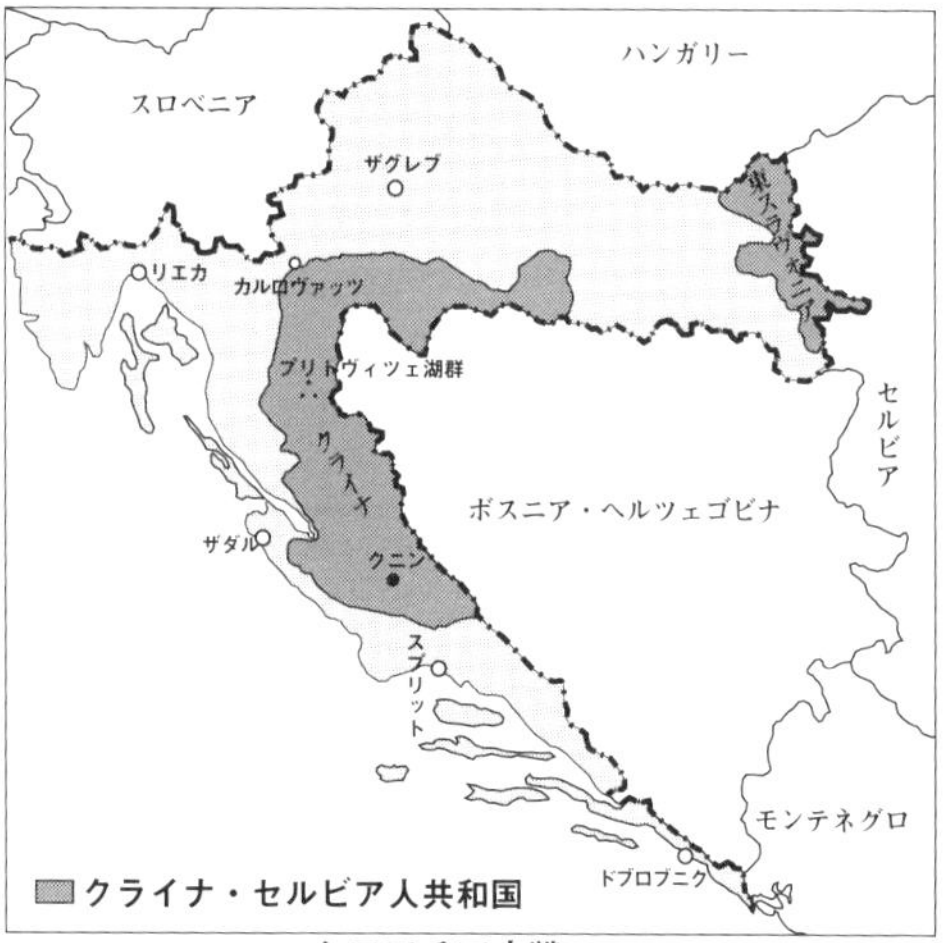

クロアチア内戦

ダルマチア（クロアチア）

この章で紹介する世界遺産
・ドブロヴニク旧市街（1979年、1994年拡大）
・スプリットの史跡群とディオクレティアヌス宮殿（1979年）
・古都トロギール（1997年）
・シベニクの聖ヤコブ大聖堂（2000年）
・スターリ・グラード平原（2008年）

ドブロヴニク

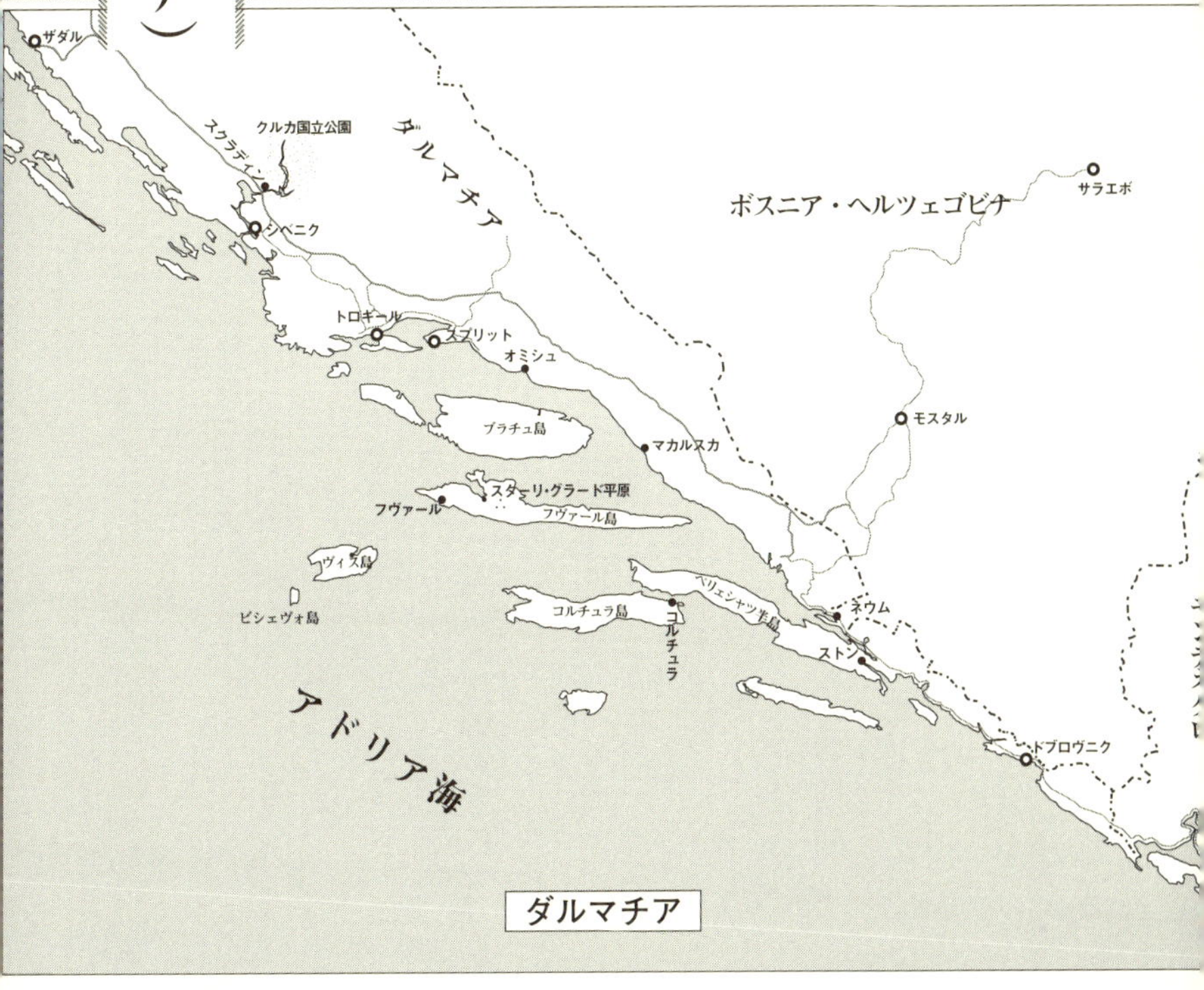

（ダルマチアとダルメシアン）

ザダルから、シベニク、トロギール、スプリット、そしてドブロヴニクに至るまでのアドリア海沿岸部は、ダルマチア地方と呼ばれている。ローマ帝国時代のダルマチア州であったところである。ダルマチアといえば、「101匹わんちゃん」で有名な、ダルメシアンという犬の血統でも知られている。白地に黒や茶色の斑点をもつのが特徴で、クロアチアのダルマチア地方が原産といわれる。昔は、運搬用の犬として活躍した。また、馬車が通るときには、先に進んで道をあけるという役割も果たしていた。ダルメシアンの飼育はイギリスで発達した。

中型犬で、20キロから30キロくらい、体長は50センチから60センチくらいである。

（クルカ国立公園）

プリトヴィツェから南に2時間ほど走って、高速道路のクルカ（スクラディン）サービスエリアでトイレストップを取った。レストランもある大きなサービスエリアで、クルカ橋（Most Krka）やクルカ川の景色が美しい。川というよりも、内陸部へ深く切れ込んだ湾のような感じである。ここから遠くに、クルカ河畔のスクラディン（Skradin）の町が望める。

駐車場から景色の良いところまでは、小さなトンネルをくぐって少し歩くので、トイレ休憩といっても、時間があれば20分はほしいところだ。

サービスエリアの北には、クルカ国立公園（Nacionalni park Krka）がある。ディナル・アルプスに水源を発するクルカ川沿いに、湖、滝が連なる国立公園で、プリトヴィツェ同様の炭酸カルシウムの作用で長い年月をかけて形成された。シベニクからクルカ川をさかのぼったところにある。

公園内には、クルカ川とチコラ川との合流点にあるスクラディン滝があり、全長８００メートルのところを17段の滝が連なって流れ落ちていき、湖へと注いでいる。さらに上流にいくと、全長６５０メートルを段々に落ちるロシュキ滝もある。ヴィソヴィッツ湖へ注いでいる地点で４５０メートルの幅に広がっている。ここではクルカ岬のスクラディンの町からボートが出ていて、そこから見学する。

湖には、島があり、フランシスコ会の修道院が建つ。

シベニク

今回のツアーでは立ち寄らなかったが、ツアーによってはプリトヴィツェからスプリットへの途中でシベニクを観光することもある。

シベニク（Šibenik）は、クルカ川に沿って発展した港町であり、古い歴史を持つ町である。２０００年に世界遺産に登録された聖ヤコブ大聖堂（Katedrala sv. Jakova）はレプブリカ（共和国）広場にある。

１４０２年に建設が始まったが終わったのは１５５５年で１５０年

もかかった。建築当初はゴシック様式で建てられ始めたが、１４４１年から建築家で彫刻家でもあるユライ・ダルマチナッツによって引き継がれ、ブラチュ島の石灰岩を用いて木やレンガによる漆喰を使わず、石だけで造られた。

ダルマチナッツ（１４１０〜１４７３年）はザダルの生まれ。ユライという名は、ロヴィニでも触れたが、ゲオルギウスのことで、イタリア式にジョルジョ・オルシーニとガイドブックなどに書かれていることも多い。教会の完成を見ずに１４７３年に亡くなってしまう。

その後を１４７５年から引き継いだのは、ニコラ・フィレンティナッツで、１５５５年に完成した、ルネッサンス様式の建築である。

教会西側正面の入口（ファサード）は、左右対称で、入口の上にはバラ窓がある。入口の前には、ダルマチナッツの像がある。建物の頭部には、上に八角形のドームが載っている。これは、建築を引き継いだフィレンティナッツによって完成されたものである。

北側には、「ライオンの扉」があり、左右にライオンの像がある。その上には、アダム（左）とイブ（右）の像が立っている。

その東側には、ダルマチナッツ作の72人の頭部の彫刻が並んでいる。これは、町の有力者の顔で、教会建築においてスポンサーとなった人である。よく見ると一人ひとり顔つきが違うようにつくってある。

聖ヤコブ大聖堂

内部はステンドグラスが美しい。天井の高さは19メートル、ドームのあるところは32メートルある。天使の彫刻がとても美しい洗礼堂もある。

聖ヤコブ大聖堂からレプブリカ広場を挟んで市庁舎が建っている。ヴェネチア時代の１５３３年から１５４６年にかけて建てられた。役所は階段を上がった2階にあり、１階はカフェ・レストランとなっている。

広場東側の建物の柱は、見せしめに罪人を縛り付けていた柱で「恥の柱」と呼ばれている。

聖ヤコブ大聖堂の東側には、市立博物館があり、その先に聖バルバラ教会がある。聖バルバラ教会の左上の方に24時間時計がある。そこから北へいくと15世紀に建造された聖イヴァン教会がある。こちらは塔に白い時計が付いている。シベニクには、27の教会と、８つの修道院がある。

シベニクの旧市街は階段が多く、細い道が続く。旧市街を上から見下ろすには、町の北側にある聖ミカエル要塞に上るといい。

聖ミカエルの要塞は、９世紀からの歴史があり、今見られるのは、16世紀にオスマン帝国から守るために造られたものである。

茶色い屋根が統一された町の中で、聖ヤコブ大聖堂の白い姿がひときわ輝いて見える。

レプブリカ広場、右側は大聖堂ライオンの扉、左は市庁舎
正面建物の柱が「恥の柱」、その右最奥に聖バルバラ教会

頭部の彫刻が並んでいる

トロギール

今回私たちは、プリトヴィツェから内陸部を通ってアドリア海へと出てきた。山道のカーブが少し続いたが、アドリア海が見えてくると、皆が歓声を上げた。遠くに、トロギールの旧市街が見える。

スプリットから西へ25キロにあるトロギール（Trogir）は、島全体が旧市街となっており、世界遺産として登録されている。旧市街は、東西５００メートル、南北３００メートルという小さな町で、坂道もないので簡単に歩いて散策できる。ただし、夏場はとても日差しがきつい。

トロギールは、紀元前3世紀から紀元前2世紀に、古代ギリシャ人によって造られた植民都市であった。

アドリア海沿岸の歴史は、フヴァール島やコルチュラ島の方が古く、本土ではトロギールが一番古い。彼らが、この町をギリシャ語で「トラゴス」、ラテン語で「トラグリウム」と呼んだことが、町の名の由来である。

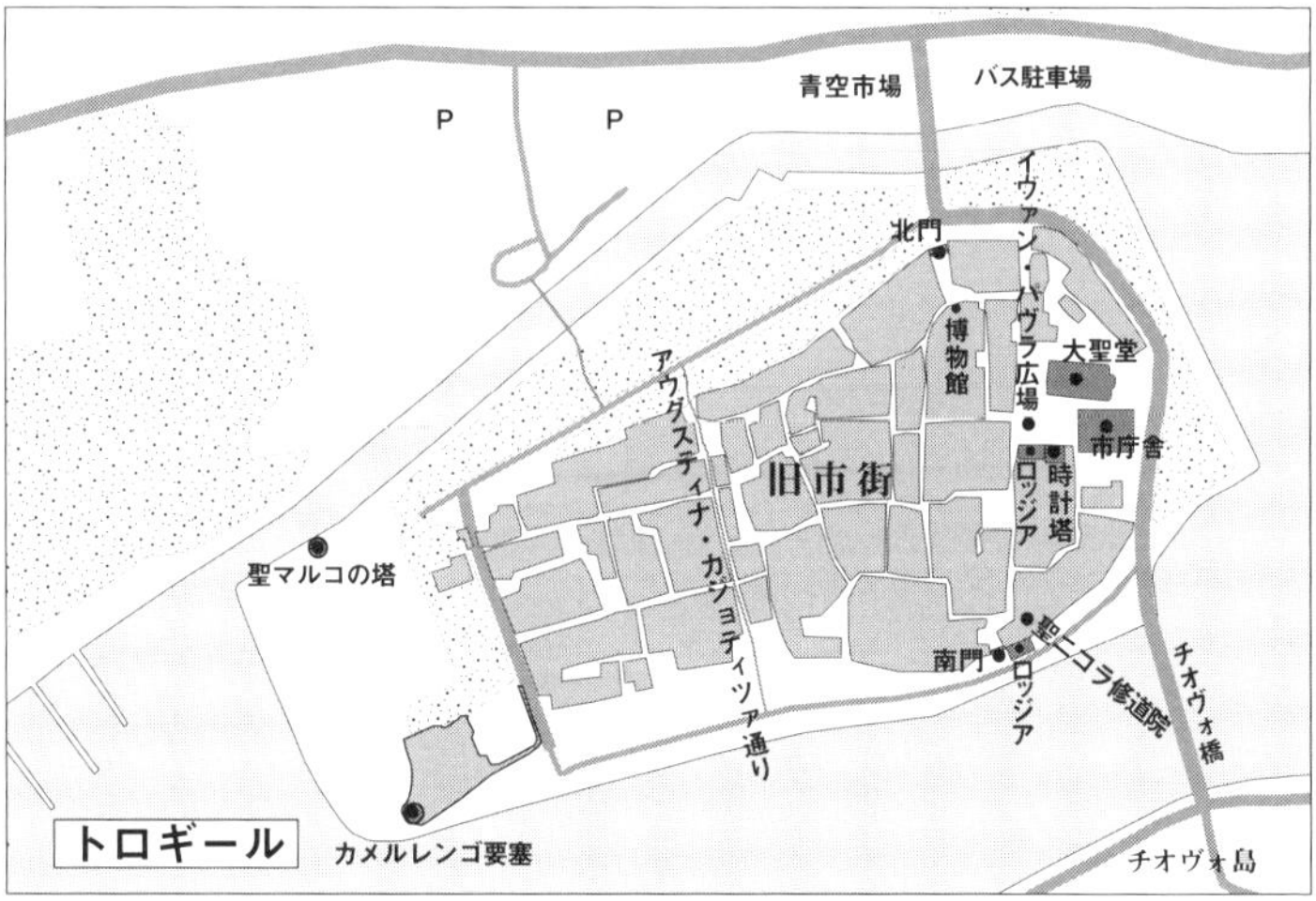

ギリシャ人が来る前、すでに先住民族であるイリュリア人が住んでいた。

ギリシャ時代の後は、ローマ人に文化や町が引き継がれた。

ローマ時代のこの辺りの中心地は、トロギールとスプリットの間にあるサロナであったが、7世紀にサロナの町がスラブ人に攻撃されたので、サロナの人々はあちこちへ逃げた。そして、トロギールにもやってきた。トロギールの町は、サロナから逃げてきた人々を受け入れて発展していった。

9世紀からは、クロアチア王国の前身であるクロアチア独立国家の一部となり、10世紀にはクロアチア王国の一部となった。

11世紀の末に当時ハンガリー王であったカールマン1世がクロアチアを征服して、クロアチア王となった。クロアチアでは、コロマンと呼ばれている。トロギールはハンガリー王国から自治権を与えられた。

しかし、1123年に、サラセン人（イスラム教徒）によって町は征服され、破壊されてしまった。その後、再建され、経済も発展した。

1242年、ハンガリーにモンゴル人が侵入すると、当時のハンガリー王であったベーラ4世は、トロギールに避難してきた。ベーラ4世は、ブダ（現ブダペスト）の王宮を建てたり、マーチャーシュ教会を再建させたりした王である。

トロギールも、1420年にはヴェネチア共和国の支配下に入った。それは、ダルマチアの他の地域同様に、ナポレオンの登場までの400年近くも続くことになる。

トロギール旧市街には、ヴェネチア時代に造られたものが多く残されている。ナポレオン時代の１８０６年から１８１４年は、フランス領イリュリア州となるが、その後、オーストリアのハプスブルク家の支配下に入り、１９１８年まで続いた。第１次世界大戦後の１９１８年、ユーゴスラビア王国の一部となった。第２次世界大戦中は、イタリアに占領される。１９４４年に解放され、ユーゴスラビア社会主義連邦共和国に属することになり、１９９１年にクロアチアが独立して、現在に至っている。

（トロギールの観光）

駐車場でバスを下車して橋を渡り、旧市街へと入った。橋の右手（西側）には、青空市場が見える。橋を渡ったところが北の門で旧市街の入口となっている。ここは、ヴェネチア時代の城壁があった時代に北門として造られた。

門の上には、町の守護聖人であるイヴァン・ウルスニの像が立っている。イヴァン・ウルスニは、12世紀の司教だった。

かつて城門は、日没になると閉められた。門限に遅れた人たちは、たとえ市民であっても中に入ることはできなかったので、城門の外、現在青空市があるあたりの宿屋に泊まって朝まで過ごした。

北門

〈聖ロヴロ大聖堂〉

今回は、旧市街にあるレストランで昼食をとった後、レストランでガイドと合流して観光が始まったが、到着してすぐに観光する場合は、北門から道なりに歩いていくと、町の中心であるイヴァン・パヴラ広場に出る。この広場に位置している鐘楼を持つ建物が、聖ロヴロ大聖堂である。

ロヴロは、ローマ帝国時代のキリスト教徒で、やはり殉教者であった。キリスト教が禁止されていたヴァレリアヌス帝時代の258年に、焼き網の上で焼かれて殉教したといわれる。

クロアチア語の「ロヴロ」は、イタリア語では「ロレンツォ」である。聖ロレンツォの話ならイタリアで聞いたことがあるという人もいるかもしれないが同一人物である。ラテン語名では、聖ラウレンティウス。フィレンツェの聖ロレンツォ教会内にも、殉教シーンの絵が見られる。また、スペインのマドリード近くにある世界遺産「エル・エスコリアル」も、聖ラウレンティウス（ロレンソ）を祀る修道院で、上から見ると焼き網の形をしている（「スペイン世界遺産と歴史の旅」参照）。

大聖堂の前でガイドの案内が始まった。

「聖堂は、12世紀末から16世紀に400年かけて建てられました。建築様式は、下から、ロマネスク様式、ゴシック様式、鐘楼はヴェネチア時代の15、16世紀に建てられたルネッサンス様式、鐘楼の一番上の

聖ロヴロ大聖堂

屋根の部分はバロック様式です。塔の高さは47メートルで、塔には118段の階段で上ることもできます。鐘楼の上からは、広場や前の時計塔の建物などを見渡すことができます」

正面入口の門は、1240年に造られたロマネスク様式の門で、素晴らしい彫刻が施されている。

「これは、ダルマチア出身のラドヴァンというトップクラスの彫刻家によって造られました」

彼は、ヴェネチアのサンマルコ寺院の玄関のレリーフの製作にも携わった人である。

門は、上部と下部に分けられている。上の半円形のレリーフを指しながらガイドが説明した。

「上の部分は、キリストの誕生や、東方の三博士の礼拝など、キリストの生涯がテーマとなっています」

下部は、ヴェネチア共和国のシンボルマークであるライオンの上に、右側はアダム、左側にはイヴの像がある。その内側には、聖人たちの浮彫があり、一番内側、つまりドアの両隣には、季節の移り変わりを表す浮彫がある。

「これは、絵で見るカレンダーです。左の上が12月を表しています。食料のなくなる冬に備えて豚を殺しているシーンです。その下に、1、2月があり、右側は、農耕の始まる3、4月のカレンダーとなっています。残念ながら12か月分ありません。4月を作った後に、ラドヴァンは亡くなってしまいました。彼の後は弟子が引き継ぎましたが、師匠があまりにもすごい彫刻家でしたので、同じものは作りませんでした。ラドヴァンと弟子が彫ったものを比べてみてください。弟子の作品は普通の浮彫です

大聖堂正面入口のレリーフ

が、ラドヴァン師匠のものは、透かしが入っています」

教会内部には、13世紀に造られた八角形の説教壇や、15世紀のクルミの木でできた合唱壇がある。天井からはシャンデリアが吊るされている。

「ヴェネチアのサンマルコ寺院のものは鉄製ですが、これは木製です。16世紀のものです」

北側（左）の身廊には、聖イヴァン礼拝堂がある。

「聖イヴァンは、12世紀の司教で、初代トロギールの司教でした。町の守護聖人となっています」

町に入る北門の上に立っていた像の人である。礼拝堂は、15世紀のルネッサンス様式で、天井に近いところに聖母マリアの戴冠のレリーフがある。壁は12使徒の像の彫刻がある。

「天井は空と星を表します。円い窓は太陽を表しています。この礼拝堂は、イタリア人彫刻家ニコラ・フィレンティナッツによってつくられたものです」

シベニクで説明したが、彼はシベニクの聖ヤコブ大聖堂を完成させた人である。教会の奥には宝物館がある。

「この中は、写真撮影禁止です」

宝物館には、殉教者聖ロヴロの骨を納める容器や聖ロヴロの小さな像が展示されている。

「聖ロヴロのシンボルはバーベキュー網です。バーベキューのような焼き網の上で焼かれて殉教したからです」

内部に吊るされた木製シャンデリア

教会前の広場には、時計塔がある。15世紀に建てられたルネッサンス様式のものだ。

時計塔の右側には、ロッジアと呼ばれる、テラスのようなところがある。かつては町の集会所、情報交換の場として使われていた。入って左手に聖母マリアのレリーフがある。

「ここは裁判所でしたので、天秤を持った聖母マリアのレリーフがあります。真ん中には、ヴェネチア共和国のシンボル、翼のあるライオンの浮彫もありましたが、第二次世界大戦中イタリアに占領されたため、ヴェネチアがイタリアの象徴とされ、住民に壊されました。騎馬像のレリーフは、オスマントルコと戦って1520年に戦死したベリスラヴィッチ総督で、トロギール出身の英雄です。レリーフは、1950年にメシュトロヴィッチによって制作されました」

時計塔の下は、1990年代のユーゴスラビア戦争で死亡した兵士たちの礼拝堂となっている。その左手の建物は市庁舎で、これも15世紀のヴェネチア時代の建築である。中庭に入るとヴェネチア風の井戸がある。

広場から南の方へとまっすぐ歩くと、今度は南門に出られる。海の門とも呼んでいる。南門に出る手前には、聖ニコラ修道院がある。修道院の中に小さな博物館があり、ギリシャの神カイロスのレリーフを展示している。紀元前3世紀のものである。また、修道院前の店には、カイロスのペンダントが売られている。

時計塔と右側のロッジア

門を出るともう海が見える。門の外にもロッジアがある。これはかつて税関として使われていた。

トロギールは、ヨットハーバーでもあり、クルーズ船も停泊する。

島の南にもう一つ大きな島がある。

「あの島はチオヴォ島です。チオヴォ橋で結ばれています」

町の南西角に、要塞が見える。

「あれは、カメルレンゴ要塞です。ヴェネチア共和国時代の15世紀に、海を守るために建てられました。上にあがることもできます。有料で、101段の階段があります」

また、その北側にも要塞があり、「聖マルコの塔」と呼ばれている。

「南門からカメルレンゴ要塞までは400メートルくらいです。その真ん中あたりにドミニコ会修道院があり、その右手に小学校があります。今は（6月下旬）夏休みです。ここから南北に延びている通りアウグスティナ・カジョティツァ通りは、土産店が多く並んでいます」

土産店の店頭にはアドリア海の海綿を売っているところもある。

トロギールの博物館には、ギリシャ人が来る前からのイリュリア人の遺品が納められている。

この後、少しフリータイムをとり、駐車場へと戻った。

大聖堂の塔の上からチオヴォ島を見る

スプリット

(ディオクレティアヌス帝とローマ帝国)

トロギールからスプリットへはバスで20分から30分くらいで到着する。

スプリットもアドリア海に面している。古代ローマ時代、ディオクレティアヌス帝の隠居場所だったことで知られている。

まず、スプリットに入る前に、ディオクレティアヌス帝がどんな人物だったかお話したい。今回のツアーはイタリアツアーではないので、ローマ皇帝といわれてもピンと来ないかもしれない。しかし、ローマ帝国は、今のイタリアの範囲をはるかに超える大帝国であり、クロアチアもかつてはローマ帝国の一部だったので、ローマ皇帝が住んでもおかしくはない。

そもそも、ディオクレティアヌス帝の出身地がクロアチア(ダルマチア)だったのだ。

ディオクレティアヌス帝という名前は、ローマに行ったことのある人なら聞いたことがあるのではないだろうか。共和国広場に「ディオクレティアヌス帝の浴場跡」という遺跡が残っている。現在はその一部が、サンタ・マリア・アンジェラ教会となっている。近くには三越があり、テルミニ駅も近い。

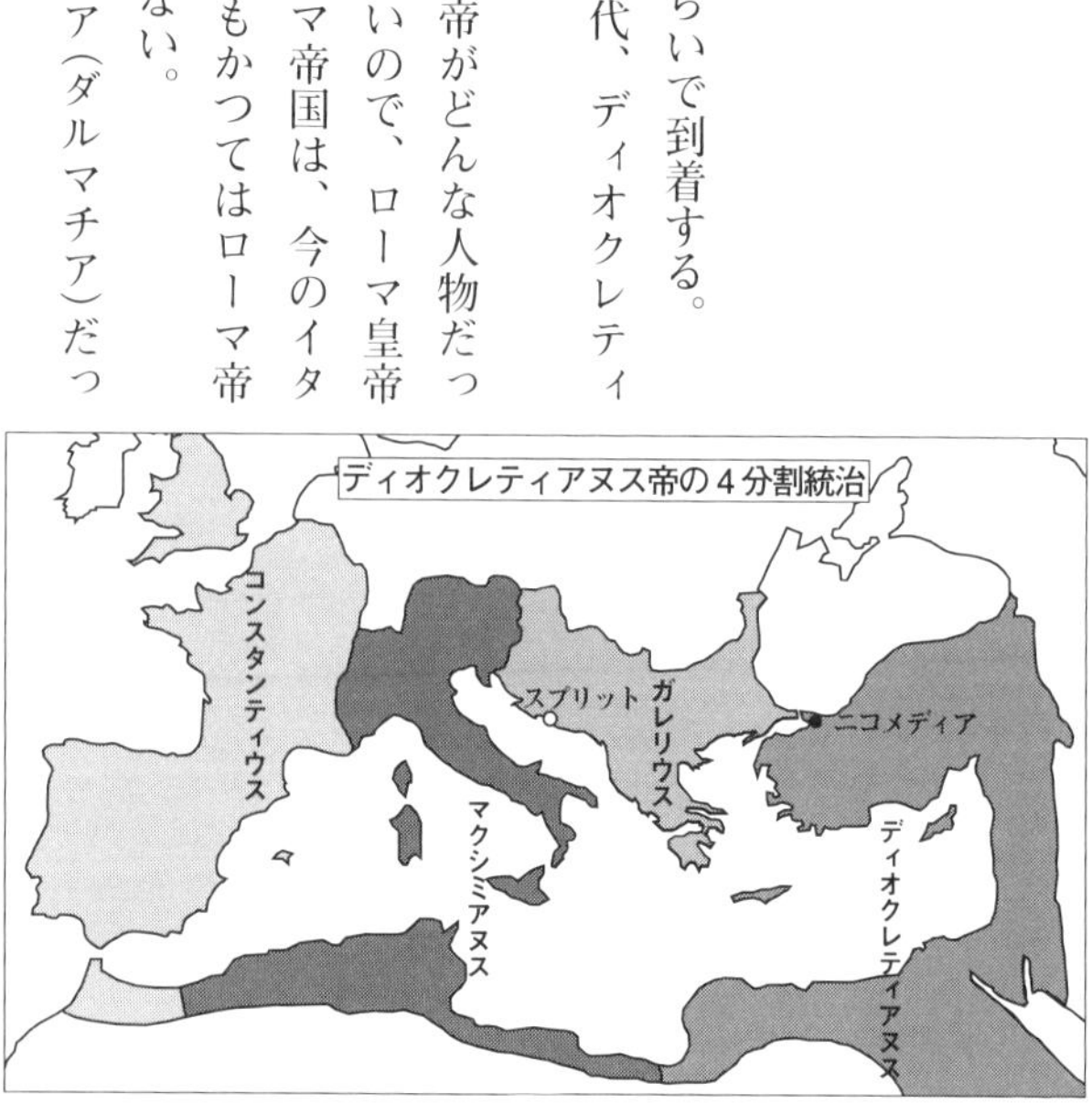

その大浴場を造らせたのが、ディオクレティアヌス皇帝であった。

ローマの帝政時代は、紀元前27年に始まり、西暦476年に滅びた。約500年続いたことになる。ディオクレティアヌス帝の在位は284年から305年なので、ローマ帝国後半の人である。

帝政ローマは、アウグストゥス帝からネロ帝までは、ユリウス＝クラウディウス朝と呼ばれ、その後、コロッセオなどが建てられたフラウィウス朝時代、そして、2世紀には、5人の賢い皇帝と書いて、五賢帝時代と呼ばれた。この五賢帝のうちのトラヤヌス帝、ハドリアヌス帝の時代に、ローマ帝国が史上最大の領土となった。現在のフランス、ドイツ南西部、スペイン、イギリス、スロベニア、クロアチア、ボスニア、セルビア、トルコ、エジプトなど北アフリカの国々や東ヨーロッパ、中近東までがローマの支配下にあった。

そのため、一人の皇帝では支配しきれないと考えたのがディオクレティアヌス帝である。彼は、広大な領土を4つに分けて、4人の皇帝で分割統治することを考えた。4人の統治者とは、皇帝（正帝）が2人と、それぞれの副帝が2人で計4人とした。

正帝は、ディオクレティアヌス帝とマクシミアヌス帝の2人、副帝はガレリウスとコンスタンティウス（コンスタンティヌスではない。ちなみにコンスタンティヌスは、コンスタンティウスの息子）。

それぞれの統治範囲は、ディオクレティアヌスが、トルコ、今の中近東、エジプト辺り。マクシミアヌスはイタリア（イストラ半島も含まれる）、チュニジアなどの北アフリカ。ガレリウスはクロアチア（ダルマチア、パンノニア）、ギリシャ、スロベニア等のバルカン半島広域。コンスタンティウスはスペイン、ポルトガル、フランス、イギリス、モロッコなど西の地域だった。

ディオクレティアヌス帝は、ローマでなく、自分が統治することになったトルコのニコメディアに住居を構えた。そして、ローマ帝国全体の最高権威者として君臨した。

ローマ皇帝は、初期のころには貴族から選ばれていたが、3世紀ごろからは軍人から選ばれる時代となっていた。すでに、50年間に軍人皇帝が20人も入れ替わり、ローマ帝国は不安定な時代が続き、その後、ディオクレティアヌスが皇帝となった。

彼は、トロギールとスプリットの間にあるサロナで生まれた。スプリットからは北へ5キロほどである。ローマ帝国ダルマチア州の州都で、トロギールからスプリットへいくときに、遺跡が見える。サロナについては後述するが、かつて、ここにはローマ浴場や円形闘技場があり、遺跡が残っている。

そのサロナの解放奴隷の子として生まれた。当時のローマ帝国は、戦争で負けてローマの属国になると、多くの住民が奴隷として働かされた。両親は、元老院議員の家の奴隷として働いていた。が、後に奴隷の身分から解放された。

母親の出身地がダルマチア州のドクレアで、「ドクレア」と呼ばれていたのが後に、ディオクレティアヌスという呼び名に変わった。

ディオクレティアヌス帝は、後に書記官の職を得て、属州モエシア（今のセルビア辺り）の総督や執政官などを務めた。そのうちに、ローマ帝国を警備する軍隊の親衛隊長になった。そして、ペルシャ戦争で活躍して284年にローマ皇帝となった。この時代は、身分が低くても軍隊で活躍すれば皇帝になれるという時代であった。

軍人皇帝20人が入れ替わったといったが、暗殺されたり戦死した人が多く、自然死はほとんどいない。しかし、ディオクレティアヌス帝は、自分の意志で皇帝の引退を宣言した。３０５年60歳の時、トルコのニコメディアで引退式が行われた。引退後は、すでに用意していた住居で暮らすことになり、死ぬまでそこで暮らした。それが、故郷に近いスプリットに建てた「ディオクレティアヌス帝の宮殿」であった。当時は、彼の生まれたサロナがダルマチアの州都であり、スプリットは静かな漁村であった。余生を送るのに、サロナよりも静かなスプリットを選んだのだ。

現在、スプリットは、首都のザグレブに次いでクロアチアで第２の大都市である。

では、これからこの宮殿跡を見学することにしよう。

（ディオクレティアヌス帝の宮殿、旧市街観光）

港近くでバスを下車してガイドと合流してから海岸の遊歩道を通り、宮殿の入口まで行く。歩道に昔の宮殿の地図があり、ガイドがそれを指して説明した。

「昔は、この遊歩道も道路もありませんでした。ここは海でした。宮殿

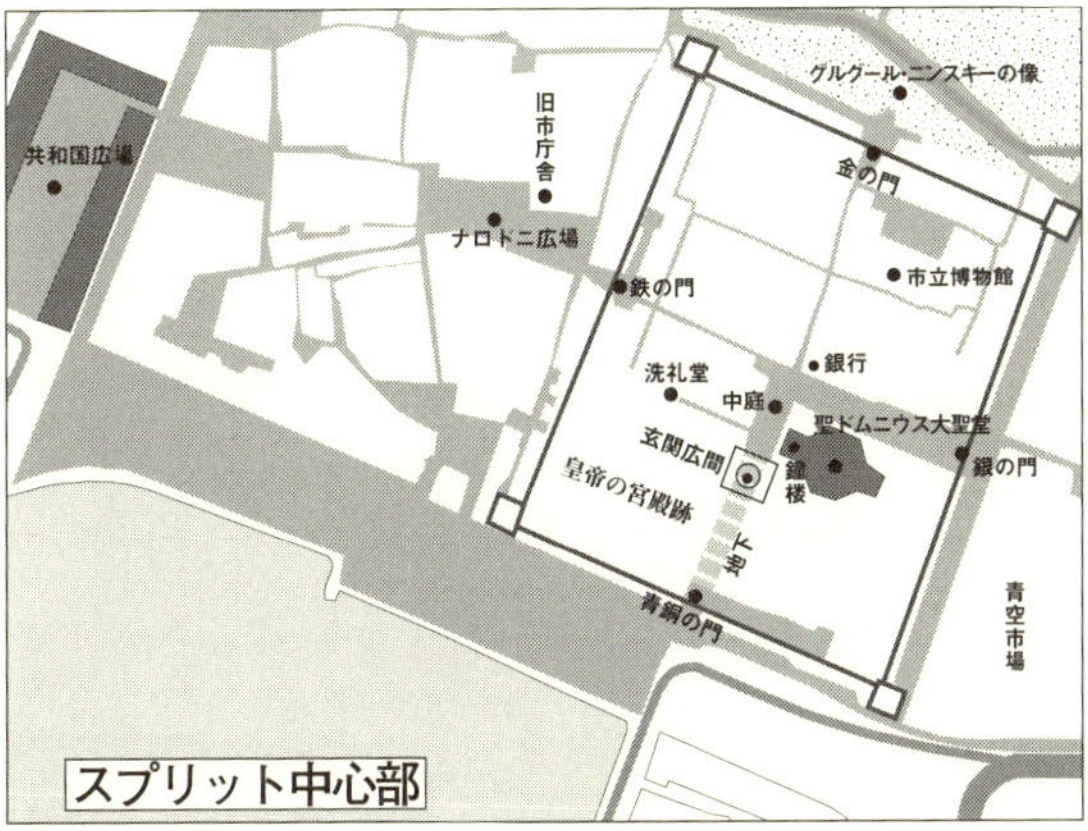

はすぐ海に面していたのです。そして、今から入る南側の入口は「青銅の門」という名前がありますが、海に面していたため、海の門とも言われました。船が直接横づけできました」

後世に宮殿の中や周辺に多くの住居が設けられたので、海側からは「宮殿」という建物があるようには見えない。

皇帝の死後300年以上たって7世紀になると、北方からスラブ系の民族が来て、サロナの町を攻撃した。そのため、サロナの人々はスプリットへと逃げてきた。そして、この皇帝の住居の中に住み着いた。この中に、たくさんの小さな仕切りを作って人々は暮らした。それが現在は旧市街となっている。「宮殿」は、一つの町になるほどの大きなものであった。

たくさんの建物の間に南門がある。小さいのでわかりにくいが、これが入場者の入口である。私たちは、ここから入る。

海方向から宮殿の外側を見る

皇帝の住居跡は現在は町（旧市街）となっているので誰でも通ることができるが、南門を入ったところの地下宮殿の部分は、博物館として公開されているので、有料である。売店は誰でも通れる。

博物館の部分は、昔は調理場や食糧倉庫として使われていた。奥にはたくさんの部屋がある。

「この宮殿は海に面しており、敷地は傾斜していましたので、この地下宮殿は上の皇帝の住居を支えています。地下宮殿は、主に食料などを保存する倉庫として使われていました。建物は、アドリア海のブラチュ島から運んできた石灰岩や大理石を使っています。天井をご覧ください。所々に穴が空いているのがわかりますか。中世の時代には、この上の部分に住居が立ち並んでいたので、穴を空けて、地下にごみを捨てたり、トイレにしたりしていました。そのため、長い間この地下宮殿はゴミ箱となっていました。今皆様がいらっしゃるところはゴミ捨て場だったところです」

20世紀に大掃除をして、ごみを取り払い、見学できるようにした。

「この奥にはまだ少しゴミ溜め部分が残っていますが、取り払うことができません。なぜなら、この上にはまだ家が建っており、地下のごみを片付けると上の家が支えきれなくなるからです」

奥の部屋には、皇帝の胸像やスフィンクスの像が置かれているところがある。

「スフィンクスの像は、皇帝がエジプトから持って帰ってきたものです。全部で12体ありましたが、そのうちの11体は頭を壊されました。ディオクレティアヌス帝はキリスト教徒の迫害を行ったので、これは、キリスト教徒による復讐だったのです」

水道設備もあり、ディナル・アルプス山中のヤドロ水源から水道を通って供給されていた。奥には水道管が残されている。博物館を入ったところに、水道の地図がある。ローマ時代の木の柱も保存されている。

地下から、売店を通って階段を上がり、中庭に出る。

カフェや土産店、小さな一般商店まであり、ここがかつてローマ皇帝の

地下宮殿の天井に空いた穴

宮殿の中だったとは想像しがたい。今は立派な旧市街である。

この中庭を中心にして、南側が皇帝の住居だったところである。中庭側に、皇帝の住居のための玄関がある。石段を上がると、天井に円い穴の空いた空間がある。

「ここは、皇帝住居の玄関広場だったところです。この西側が居室で、東側はダイニングでした。ローマ時代は、今のようなテーブルとイスではなく、ソファのような低いイスに半分寝ころぶような姿勢で食事をとっていました。ローマ時代の映画などでよく見かける食事シーンを想像してください」

住居のテラスに上がると外が見える。かつてはこの外はすぐ海であった。宮殿は城壁で囲まれ、東西200メートルくらいの長さがあった。高さは20メートルくらいあったという。スラム化した住居は20世紀に取り払われ、空き地のようになった。しかし、現在でも、宮殿内に住居が少し残っていて、人々が暮らしている。

「本当はそれらも取り払ってきれいにしたいそうですが、そうすると、ここに住んでいる人に出て行ってもらわないといけません。政府は、彼らが出て行った後の保証をするお金までないので、出ていくように言えなくて問題になっています」

門は、東西南北にあり、それぞれ名前がついている。南は青銅の門であったが、東は銀の門、北は金の門、西は鉄の門という。

「ディオクレティアヌス帝は、ローマ帝国を4分割にしただけでなく、宮殿

中庭から見た皇帝住居の玄関、左は大聖堂入口

も4分割しました。4分割が好きな皇帝でしたね」

中庭の東側に、八角形の大聖堂がある。入口のところにもスフィンクスがある。建築も、エジプトから取り寄せた色とりどりの御影石の列柱が使われている。

「この大聖堂は、もともとディオクレティアヌス帝の霊廟でした。彼の墓が置かれていたところに、7世紀に大聖堂として改築されました。この大聖堂の別名は、聖ドムニウス大聖堂です。聖ドムニウスは、ディオクレティアヌス帝の時代に迫害されて命を落としたサロナの司教です」

キリスト教が公認されたのは３１３年であり、ディオクレティアヌス帝の時代にはまだ認められていなかった。また、ディオクレティアヌス帝は、キリスト教徒の大迫害を行ったので、キリスト教徒には大変評判が悪い。そのため、彼の墓が大聖堂に改築された後は、遺体を納めた石の棺はどこかへ持ち去られて行方不明になった。その代わりに、彼の迫害で殉教したドムニウス司教の棺と祭壇が置かれた。聖ドムニウスは、スプリットの守護聖人となった。

大聖堂入口は、１２１４年に造られた木製のドアが残る。クルミの木の上に、樫の板でキリストの生涯を表した28枚の彫刻のレリーフがはめ込まれている。

入って右奥には、聖ドムニウスの棺が安置されている。主祭壇には13世紀の古い説教台がある。聖歌隊席の彫刻も美しい。内部見学は有料である。鐘楼に上るにはさらに別料金がかかるが、景

大聖堂の鐘楼

色はいい。高さ60メートルで173段の階段がある。イタリアやドイツなどにある大きな大聖堂と比べるとそれほど高くはない。塔は13世紀から16世紀にかけて造られた。

中庭の西側には、大聖堂と対照的な位置に洗礼堂がある。これは、元々、ディオクレティアヌス帝が造らせたローマ神ユピテル（ジュピター、ギリシャ神話ではゼウス）神殿であった。キリスト教が公認される前のローマ帝国は、ギリシャから引き継いだローマの神々を信仰していた。

「皇帝は自らを神ユピテルと称し、自分を神格化しました。ユピテル神殿は、自分を神格化した神殿であります。これも、キリスト教時代になって洗礼堂に変わりました。教会には洗礼を受けるときに使う洗礼盤がありますが、昔は体全体を水に浸す洗礼が行われたので、ここにあるのはバスタブのように大きな洗礼盤です。側面の浮彫は11世紀のもので、クロアチア王が十字架を持っている姿が浮き彫りにされています」

洗礼堂内に入るのも有料である。

宮殿の西の門「鉄の門」の外には、ナロドニ広場がある。ナロドニは、英語のナショナルにあたり、日本語では人民広場と訳されている。

14世紀にスプリットの行政、商業、市民の生活の中心となったところで、今は商店やカフェが並んでいる。クロアチアは、ドブロヴニクを除いて、アドリア海沿岸のほとんどがヴェネチア共和国の一部であったから、ここにもヴェネチア時代の建物がある。

「これはヴェネチア時代の市庁舎です。ゴシック様式の建築で、市庁舎、牢獄、劇場などが入っていました。２階から上は19世紀に改築されました。広場の周辺には貴族や商人たちが自分たちの邸宅を建てていました」

ナロドニ広場からさらに西へ行くと、共和国広場があり、周辺は新しいデパートやレストラン、カフェなどもたくさん並んでいて地元の人たちでにぎやかなところだ。

宮殿の中庭から北側のパートは、兵舎、皇帝の使用人の住居や作業場として使われていたところである。中庭周辺にはカフェもあり、土産店、ネクタイの店、チョコレート店、銀行などもある。

中心の中庭から北門に延びる通りを歩いた。

「この通りは、もともと12メートルの幅がありました。しかし、今は２メートルしかありません。銀行の中を覗くと、かつての宮殿の柱がそのまま残っているのが見えます。ローマ時代はそこまでが通路でした」

北門は金の門といわれる。

「北門はローマ時代の大都市サロナから来た時の表玄関でした。門は二重構造になっています」

金の門を出たところには、巨大な人物像が立っている。

「この像は、グルグール・ニンスキーという10世紀の司教でした。10世紀にスプリットで開かれた宗教会議では、クロアチアの教会ではラテン語のみが使用され、スラブ語の使用が禁止されましたが、彼はそれを撤回した

北門、外にグルグール・ニンスキーの像が見える

人です」

グルグールという名は、ラテン語のグレゴリウスに由来している。他国では、グレゴール（ドイツ）、グレゴリオ（スペイン）というよくある男性名である。

「この像は、クロアチアで有名な彫刻家メシュトロヴィッチが制作しました」

ザグレブでも登場したが、クロアチアを旅すると、あちこちでメシュトロヴィッチの名前を耳にする。

金の門の外側には城壁が残っている。

「城壁には現在16の塔が残っています」

東門は銀の門と呼ばれ、外では青空市が開かれている。

夕食まで時間があるので、フリータイムをとり、その後、国立劇場近くにある「ル・モンド」というレストランで夕食をとった。

（クラパ）

ディオクレティアヌスの宮殿の前庭を見学中、「クラパ」のグループによる歌を聴く機会があった。クラパ（Klapa）は、ダルマチアの男性のみのアカペラグループで、「友達のグループ」という意味。ルートをたどると、沿岸部の教会の歌が発祥である。歌の主題は、愛、ブドウ（ワイン）、故郷、海など。

２０１２年に、クラパはユネスコの無形文化遺産として登録された。

クラパのグループ
このときは楽器を持っている人がいた

グループ構成は、第1テノール、第2テノール、バリトン、バスで、4人から最大12人までの男性で構成されている。最近では女性のグループも出てきたと聞くが、通常は男性のみだ。通常はアカペラなので楽器の演奏はないが、前回訪れた時は、ギターとマンドリンを持った人が混じっていた。

オミシュという町では、ダルマチア・クラパ祭が毎年行われる。クラパ最大のイベントで、１９９６年に始まった。

また、２０１３年のユーロ・ソング・コンテストにおいては、クロアチアは国を代表する伝統音楽としてクラパを紹介した。グループ名はクラパ・ス・モーラで、６人のグループで歌った。

（サロナのローマ遺跡）

トロギールからスプリットへ行くときに近くを通るサロナ（現在の町のあるところはソリンと呼ばれる）は、ローマ帝国の属州ダルマチアの州都だったところである。

スプリットから5キロほどのところにある。

紀元前10世紀にイリュリア人が市場を築いたところに、カエサル（シーザー）の時代である紀元前1世紀にローマによって征服されてから、ローマのダルマチア州都となった。

カエサル門と呼ばれているところが、アウグストゥス帝時代に造られた城壁の北東の門だったところで、後に東西へと町が広がった。

町の中には、フォロ（広場）があり、劇場、円形闘技場、公衆浴場、水道橋が造られた。

ローマ時代、サロナには多くの浴場があったが、中でも一番大きく、保存状態の良いものが町の東の方にある大浴場で、2世紀か3世紀ごろに造られたと推定されている。長方形で、半円形のプールや、冷浴室、温浴室、サウナ、脱衣所、マッサージルームまであった。

円形闘技場は、2世紀後半に造られた。プーラや他のローマ帝国の都市同様、剣闘士たちの闘いが行われた。125×100メートルの楕円形で、1万5000人から1万8000人くらいの観客を収容できた。

4、5世紀には、キリスト教が力を増し、サロナにも教会が建てられた。

5世紀にローマ帝国が滅び、闘技も廃止された。6、7世紀、スラブ人によってサロナは襲撃され、住民はトロギールやスプリットのディオクレティアヌス帝の宮殿へと逃げ込み、そこに住み着いた。

17世紀のヴェネチア時代には、対トルコの戦略上のために大きく破壊された。

サロナ遺跡で発掘されたものは、スプリットの中心から北へ1キロほどにあるスプリット考古学博物館で見ることができる。

スプリットからドブロヴニクへ

（ボスニア・ヘルツェゴビナのネウムを通る）

今回のツアーは実は、スプリットから直接アドリア海沿岸を通ってドブロヴニクに行ったのではなく、内陸へと入り、ボスニア・ヘルツェゴビナのモスタルを観光して、その後ドブロヴニクへ行った。

スプリットからドブロヴニクまでずっとアドリア海沿いに南下すると、途中で「バチナ湖」や、石灰岩の山々が見える。また、スプリット、ドブロヴニク間のアドリア海沿いには、オミシュ、マカルスカなどの町やブラチュ島やフヴァール島、コルチュラ島などの島もあるので、後ほど少し紹介する。

モスタルについては、ボスニア・ヘルツェゴビナの章でお話しするので、ここでは先にドブロヴニクへ行くことにしよう。

しかし、スプリットからアドリア海沿岸を通ってドブロヴニクへ行くときにも、必ずボスニア・ヘルツェゴビナを通ることになる。ドブロヴニクの少し北に、アドリア海に突き出ているボスニア・ヘルツェゴビナの町ネウムがあるからだ。ここを通らなければ、陸路でドブロヴニクには行けないのである。

9キロ続くボスニアの海岸線には、ネウム（Neum）という町があり、ここでトイレ休憩をとった。モスタルに行った場合も、もう一度クロアチアへ戻り、そのあとネウムを通ってドブロヴニクに行く。

ボスニア・ヘルツェゴビナは内陸の国で、この海岸線以外は海がない。

「では、ボスニア・ヘルツェゴビナは海がほしかったから戦争か何かで勝ち取ったのですか」という質問もあったが、実はそうではなかった。

このすぐ南にドブロヴニクがある。ドブロヴニクは、ラグーサ共和国とい

ネウムの街並み

う名称で、長い間独立を保ってきた。ネウム一帯もドブロヴニクの一部であった。

その北側はヴェネチア共和国である。今まで見てきたイストラ半島やトロギール、スプリットなどのアドリア海の沿岸の町や島々は長い間ヴェネチア共和国の一部であった。ドブロヴニクはヴェネチアから独立したので、ヴェネチアはライバルであり、ヴェネチアの支配が及ぶのを恐れていた。

ボスニア・ヘルツェゴビナは、15世紀からオスマン帝国に占領されていた。

１６８３年、オスマン軍の第２次ウィーン包囲後の大トルコ戦争でオーストリアが勝つと、１６９９年、オスマン帝国が占領していたハンガリー中部とクロアチア内陸部をハプスブルクが勝ち取った。しかし、ボスニア・ヘルツェゴビナは、オスマン領として残っていた。

その後の和約により、ネウム一帯はドブロヴニクの領土となった。しかし、北側のアドリア海沿岸はヴェネチアの領土であった。ヴェネチアとドブロヴニクは敵対関係にあったので、ネウムをオスマン帝国が管理することによって、ヴェネチアとの間に壁をつくることにした。つまり、ネウムをヴェネチアに対する防波堤としてオスマン領にしたというわけである。

〈ストン〉

ネウムからドブロヴニクへ向かう途中にストンの町の近くを通る。ストン（Ston）は城壁、塩田、そして牡蠣の養殖で有名なところである。町はペリェシャツ半島の付け根にある。

ストンの旧市街は城壁に囲まれた小さな町だ。端から端まで３００メートルにも満たない。旧市街の南側には塩田があり、土産用の塩も売られている。ストンにまで行くツアーは少ないが、塩を買うだけならスーパーやネウムの売店でも売っている。

ストンの町から、隣町のマリストン（Mali Ston）まで城壁が1キロ続いている。1333年から1506年にかけて造られた。城壁を造ったのは当時のドブロヴニク（ラグーサ）で、ヴェネチアやオスマンの侵攻に備えて造られた。

マリストンではカキの養殖も行われている。

ドブロヴニク

（ドブロヴニク橋）

アドリア海を右手に見ながら、ドブロヴニク（Dubrovnik）の町へと入ってきた。明日見学する旧市街は町の南側に位置するので、今日は通らない。時間が早かったので、ドブロヴニク橋のところで写真ストップをとった。

この橋は、クロアチア独立後の初代大統領ツジマン（1922～1999年）の名をとって、フラニョ・ツジマン橋（Most dr. Franja Tuđmana）と呼ばれている。2002年に完成した橋で、518メートルの長さがある。

港には豪華客船が停泊していた。

ドブロヴニク橋と豪華客船

橋を渡って、港沿いにしばらく走り、ホテルのあるバビンクックへと向かう。

ドブロヴニクのホテルは、旧市街とは離れた、町の西側の、ラパッド（LAPAD）バビンクック（BABIN KUK）、ソリトゥド（SOLITUDO）地区に集中している。個人で旧市街へ行く場合は、路線バスが出ている。路線バスといっても、乗客のほとんどは観光客だと思われる。

旧市街から徒歩圏内にもいくつか高級ホテルがあるので、バスやタクシーでの移動が煩わしい人はそちらのホテルを選ぶとよい。

（スルジ山の展望台）

今回はバビンクック地区のホテルに宿泊した。

翌朝ホテルのロビーで現地のガイドと合流して、バスでスルジ山展望台のロープウェイ乗り場まで行った。バスに乗るのは今日はここで終わりで、ロープウェイを降りてからはずっと徒歩での観光となる。ロープウェイでスルジ山の展望台に登り、上から旧市街を見下ろした。ドブロヴニクのハイライトである。

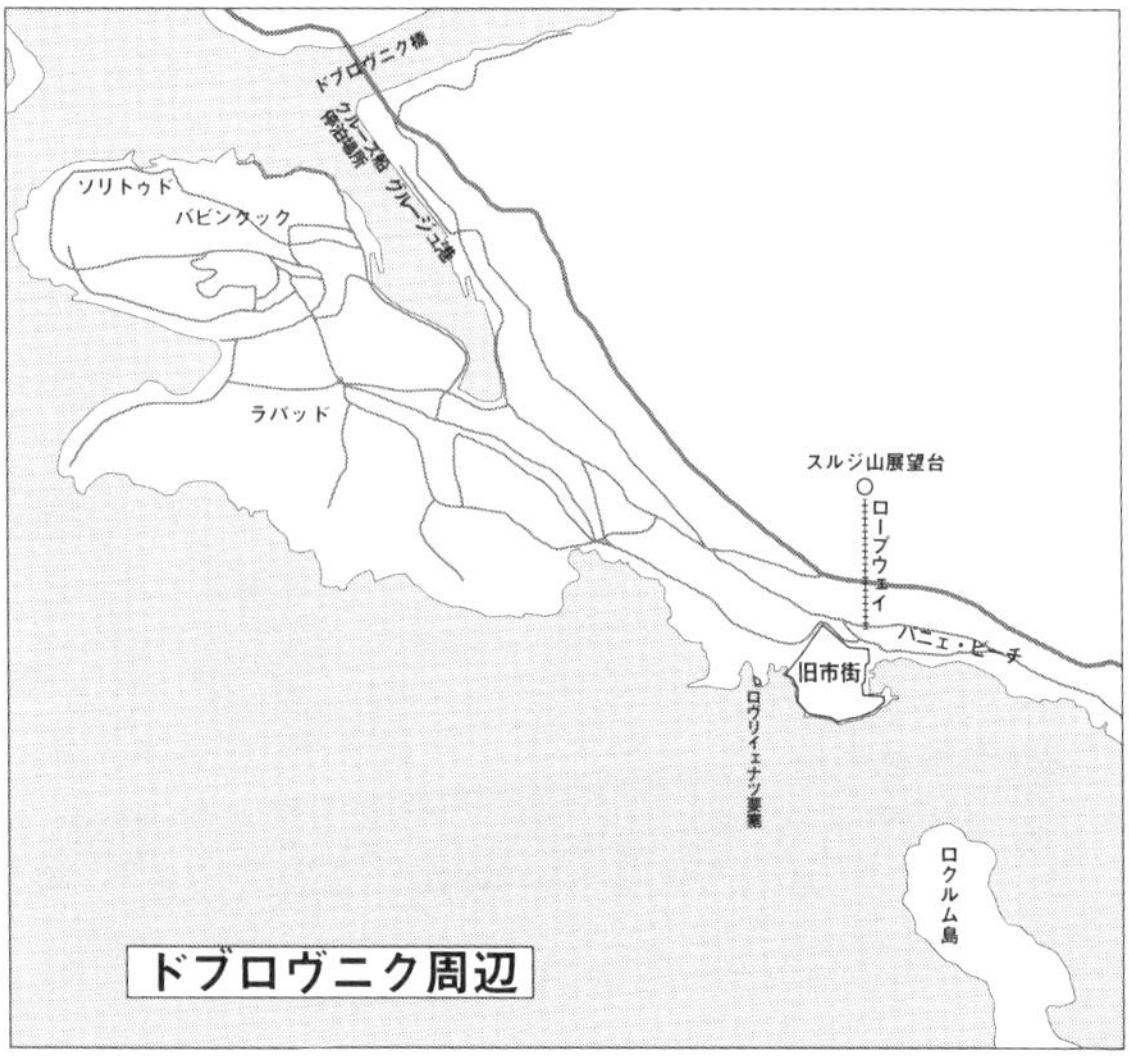

ドブロヴニク周辺

「このロープウェイは、1969年にできましたが、1991年の戦争で壊され、長い間止まっていました。2010年にようやく復旧しました。30人乗りですので、今回は全員一緒に乗れますね」

2009年に訪れたときのツアーでは、まだロープウェイが動いてなかったので、展望台からの見学は含まれていなかった。

「スルジ山は高さ412メートルです。4分ほどで展望台に到着します」

展望台には売店やトイレもある。フリータイムをとって旧市街を一望した。山頂には、ナポレオンが贈ったという白い十字架が立っている。

「現在見られるのは、独立戦争の後に立て直されたもので、戦争の慰霊碑が建っています」

他に、独立戦争博物館もある。

スルジ山展望台から旧市街を見下ろす

〈ドブロヴニクの歴史〉

ドブロヴニクの地図を見ると、左側に旧市街の入口ピレ門があり、旧市街は城壁で囲まれている。ピレ門をくぐって町に入ると、メイン通りであるプラツァ通り（Placa）が東西を横切っている。メイン通りといっても300メートルほどの長さである。

このプラツァ通りを境に、南側一帯がもともとこの町であった。

ポレチュやロヴィニを訪れたとき、海峡を埋め立てて町をつなげたと話したが、このドブロヴニクのプラッァ通りも海峡だった。今、通りの北側にはたくさんの店が立ち並んでいるが、ここは海だったところである。南側が島だったところで、ここにはもともと町があった。

7世紀、古代ローマ人はスラブ人（クロアチア人）とアヴァール人（中央アジアからパンノニアに進入した遊牧民族）に攻撃された。近くにあったローマ人の古代都市エピタウルス（現ツァブタト）が破壊されたので、ローマ人はこの湾になっている小さな島ラグジウム（ラグーサ）へと逃げてきた。ヴェネチアのラグーナと同じで、干潟という意味である。ヴェネチアと同じように、蛮族の侵入から逃れてきたラテン系の人々（ローマ人の子孫）が、アドリア海沿岸に築いた漁村から始まった。

一方、スラブ人は、スルジ山のある北側の山麓に定住し、そこで農業を行った。ローマ人が住むラグーサには畑がないので、スラブ人にお金を払って、陸地側の土地をもらい、畑を耕す許可をもらった。

9世紀後半には南イタリアから来たサラセン人に攻撃され、15か月間包囲されるが、ビザンチン皇帝の援軍により解放された。

12世紀には真ん中にあった海峡が埋められることになった。今のプラッァ通りの北側のところである。2つの民族の町は合併して、もともとの境界線だったところがメインストリートとなった。

プラツァ通り
通りの両脇に雨水を流す溝がある

そして、その合併した町を、スラブ語で「森」という意味の「ドブロヴニク」と呼ぶことになった。

ドブロヴニクは、自治都市を名乗ってイタリアの諸都市と商業協定を結び、海運国として発展した。最初は、ビザンチン帝国の保護下に置かれたが、セルビアで鉱山の採掘がはじまった13世紀からは、鉱物を船に乗せてアドリア海を運びまわった。当時の海運国は、ヴェネチア共和国が強力であったが、ドブロヴニクの商人はスラブ語が話せたので、ヴェネチア人が交渉できない地域での交易ができた。

１２０５年から１３５８年までの間、ドブロヴニクはヴェネチア共和国の支配下に置かれたが、その後独立し、１４１８年には、ドブロヴニク共和国が誕生した。

15、16世紀はドブロヴニクの商業は繁盛した。

ドブロヴニクは一つの独立国であった。ドブロヴニクがある場所は、キリスト教圏の東の端であり、すぐ東にあるイスラム教国オスマントルコの脅威にさらされて

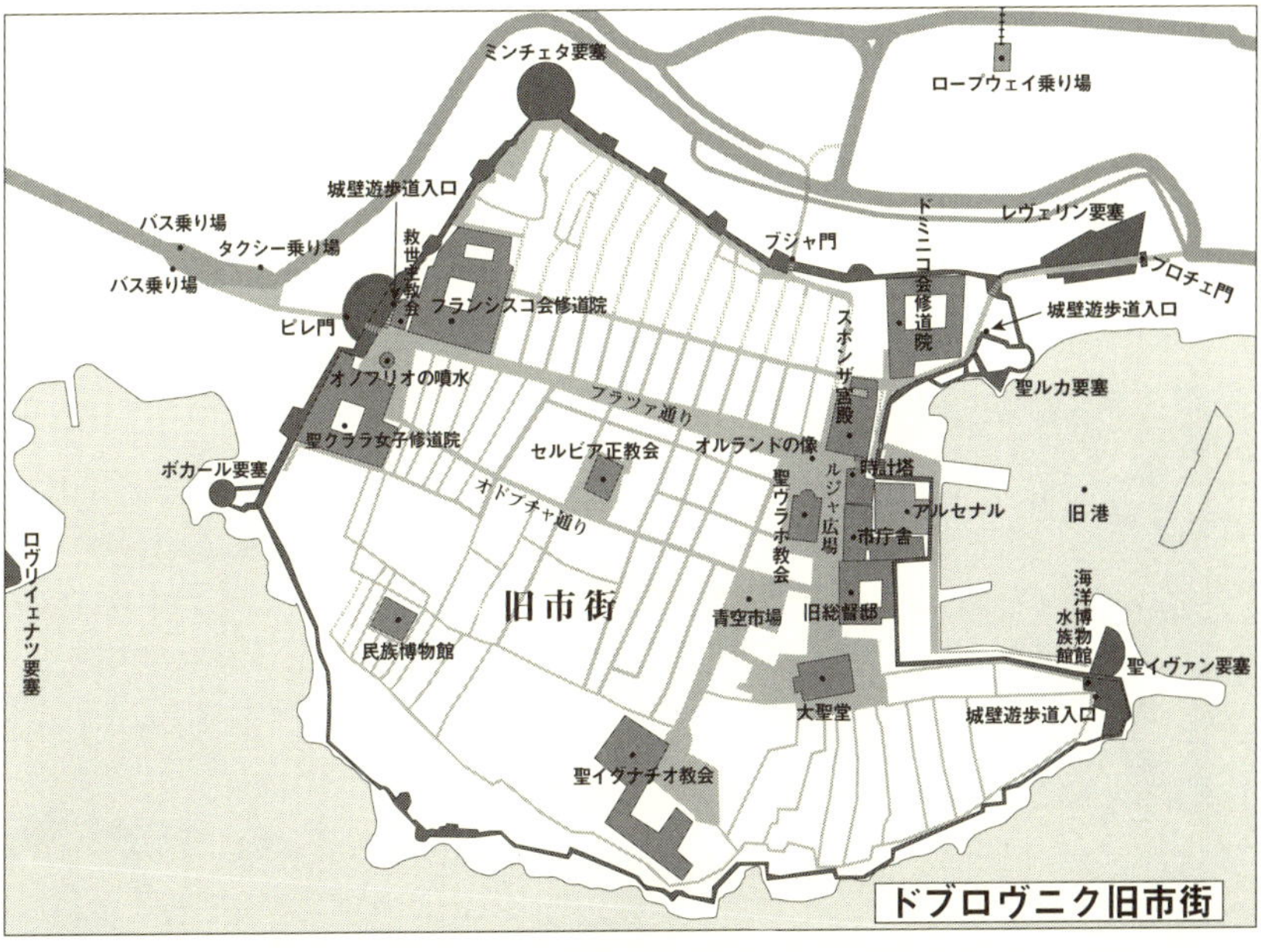

ドブロヴニク旧市街

いた。また、ヴェネチア共和国やハンガリーなど、大国の影響もあった。しかし、他のアドリア海の都市と異なり、一時期を除いてヴェネチアに支配されることもなく、ハンガリーやオスマントルコの支配からも潜り抜け、独立した共和国でありつづけた。

ナポレオンのフランス軍により、ダルマチア沿岸部が次々に占領され、ドブロヴニクも１８０６年に占領され、２年後の１８０８年にはドブロヴニク共和国は廃止された。

（ピレ門と聖ヴラホ）

ロープウェイ乗り場から旧市街へと坂道を下ってきた。ロープウェイ乗り場から一番近い入口はブジャ門であるが、今日は午後からのフリータイム後に各自でバスやタクシーでホテルに戻る必要があるので、バス停やタクシー乗り場のあるピレ門（Gradska vrata Pile）まで歩いた。

城壁で囲まれているドブロヴニク旧市街には車の乗り入れができないので、バスもタクシーも全て、ピレ門の前で下車して、歩いて旧市街へと入る。

ピレ門は二重になっていて、門の上には聖ヴラホの像が立っている。町の中心地であるルジャ広場には、聖ヴラホ教会がある。ヴラホは4世紀の人。日本語ではラテン語式に聖ブラシウスともいう。

ヴラホは、カッパドキアのセバステの司教であった。病気を治すことに優れ、

聖ヴラホ

ピレ門

魚の骨をのどに詰まらせた子供を助けたと言われる。そのため、のどの病気になると聖ヴラホに祈ると良いと言われている。4世紀といえば、313年にようやくミラノ勅令により、ローマ帝国がキリスト教を公認したばかりである。しかし、キリスト教徒の弾圧がピタッと止まったというわけでなく、迫害が続いたところもあった。そして、ヴラホは316年に殉教した。

聖ヴラホは、ヴェネチア人の陰謀から救ってくれたことで、ドブロヴニクの守護聖人となる。ヴェネチア人がレパントへ行く途中にドブロヴニクに立ち寄って水と食料を調達した。彼らはその機会を利用して町の様子を観察し、後日の攻撃に役立てようと考えた。聖ヴラホは、ヴェネチア人の策略に気が付き、司祭の夢枕に現れ警告した。そのおかげでヴェネチアの襲撃に備えることができたと言われ、972年にラグーサ共和国時代の守護聖人となり、今でもドブロヴニクの守護聖人となっている。

司祭の夢枕に現れた時の姿が、この像のように白髪で長いひげを生やした老人で、司教冠をかぶり、杖を持っていたという。そのため、今でもその時の姿で町を見守ってくれている。

（フランシスコ会修道院と救世主教会）

二重の門をくぐって旧市街に入ると左手に、救世主教会（聖サヴィオール教会）とフランシスコ会修道院がある。

手前にある救世主教会は、ルネッサンス様式のファサード（正面）とバラ窓が特徴の建物である。

フランシスコ会修道院は、14世紀に建設された。入口のドアの上の彫刻は、十字架から降ろされたキリストを抱くマリアの像（ピエタ）の浮彫がある。

内部はシンプルであるが、歴史は古い。14世紀に造られた回廊がある。

「この回廊は、円いアーチが特徴のロマネスク様式の回廊で、１２０本の柱がありますが、修道士しか入れません。ここには現在５人の修道士がいます。回廊だけは写真撮影できますが、他は禁止です」

アッシジのフランチェスコの生涯を描いた19世紀の壁画もあるが、損傷がひどい。フランチェスコは12世紀にドブロヴニクを訪れたという説もあるが、本当かどうかわからない。

回廊に面してマラ・ブラチャ薬局がある。この薬局は創業１３１７年、クロアチア最古の薬局である。薬局は現代的になっているが、回廊奥の博物館には、昔使われていた秤《はかり》や薬品入れなどが展示されている。

「昔は、ハーブやスパイスを薬として使っていました」

博物館には多くの展示物があり、ガラスケースにはたくさんの装飾品が飾られている。

「これらの装飾品は、もともと信者が願掛けに教会に納めたものです。16世紀に描かれたビザンチンタイルの絵もあります。腕の形の金銀の中には、聖ヴラホの骨、靴の形の金銀の中には、聖ロヴロの骨が納められています」

１９９１年12月６日、独立戦争のときに撃ち込まれたミサイルの穴も壁に

フランシスコ会修道院の回廊

残っている。

「奥の壁には、ここを訪れたV・I・Pのサインがあります。日本からも清子様のサインが残っています」

余談だが、２０１３年６月に27名のツアーに添乗した時には、同じ場所（入口前）でクロアチア訪問中の秋篠宮様ご夫妻に偶然お会いすることになった。

（オノフリオの噴水）

教会の正面にあるドーム状の建物は、オノフリオの噴水という。オノフリオとは人の名前で、ナポリの建築家である。オノフリオ・デッラ・カーヴァという建築家に頼んで、上水道を建設してもらった。

「水は、10キロ以上離れたスルジ山の水源から町まで送られることになりました。上水道は、１４３８年に完成し、建設者の名をとって、オノフリオの噴水と名付けました」

彼は、この町の中にもう一つ噴水を造っている。それは、ルジャ広場にある。どちらも今でも使われている。

ドブロヴニクは川がないので、水の供給に苦労していた。水道ができる前は、雨水を溜めたり、井戸を掘ったり、海の水をろ過して使用していた。

オノフリオの噴水

クロアチア最古の薬局

（プラツァ通りからルジャ広場へ）

かつて海峡だったメイン通りプラツァ通りには、３階建ての建物が並んでいる。たいてい1階が土産店などの商店で2、３階が住居となっている。

「かつて、この住居は火災に備えて、台所は3階にありました」

通りの右（南）側は平たんな小路で、左（北）側は急な階段があり、城壁の方へと通じている。

「雨が降るとプラツァ通りへ流れ、港へ排水される仕組みになっています」

プラツァ通りをまっすぐいくと、ルジャ広場（Trg Luža）に出る。突き当りには時計塔がある。塔の中間くらいのところに現在の時間が表示されている。

「毎時は、ローマ数字であらわされています。今は（Ⅺ25）11時25分ですね」

その上の時計は、時間だけ針がさしている。

「時計塔には、銘板があります。これは、かつての法王ヨハネ・パウロ2世が２００３年に訪れた時の銘板です」

ルジャ広場周辺には、聖ヴラホ教会、スポンザ宮殿、市庁舎、旧総督邸など、重要な建築物がたくさん建っている。

ルジャ広場
時計塔の左はスポンザ宮殿

「広場の真ん中にある像は、オルランドの像です。１４１８年に製作されました」

伝承によると、オルランドはカール大帝（8世紀）の騎士で、イスラム教徒のイベリア半島侵略のときに戦った騎士とされている。都市の自由と独立の象徴とされ、町の真ん中に立っていることが多い。クロアチアではオルランドというが、日本ではローラントと言った方がわかりやすいかもしれない。ドイツのハンザ都市ブレーメンにもローラントの像がある。

オルランドの像
背後は聖ヴラホ教会

「この像は、ものさしや巻尺のない時代に、長さを測る単位の基準として使われていました。右の肘から手までの長さが51・2センチなのです。商業都市だったので、買った布などがごまかされていないかどうか確かめるのに使っていました。聖ヴラホ教会は、１６６７年の地震により破壊されたので、18世紀になってからバロック様式で建てかえられました」

時計塔の横には、「スポンザ宮殿（Palača Sponza）」があり、１５２０年に建てられた。

「ここは、かつて税関や商品検査所が置かれていました。ここで点検されて課税された荷物が、港で船に積まれてアドリア海からヨーロッパ各地へと運ばれました。スポンザ宮殿は、その後、造幣局、財務省としても使われました」

今は、古文書館として、町の貴重な資料などが保管されている。入口を入ったアトリウムには、独立戦争で命を落とした人の写真が展示されている。

スポンザ宮殿の東側は旧港である。かつての玄関口であった。

地図をよく見るとプラッァ通りは旧港側の方が幅が広くなっている。玄関港からこの町へ入ってきた外国人が、ぱっと見て大きな町だと思うように、遠近法を利用して通りがつくられたのだ。

市庁舎に隣接している建物は旧総督邸（knežev dvor）で、今は博物館として公開されている。

「ここは、ドブロヴニクの総督が暮らしていたところです。この中の寝室で寝起きしていました」

１２０５年にヴェネチアがドブロヴニクを支配下に置くと、総督と大司教を送り込んできたが、１３５８年にハンガリー国王に宗主権が移る。その後は、ドブロヴニク人の手で貴族の仲間内から総督を選ぶことになった。

「総督は毎月、貴族の中から選ばれました。この邸の中で執務に専念しました。任期は1か月で無報酬でしたのでボランティアのようでしたが、名誉職でもありました。人々は独裁者が現れるのを防いでいました。家族のいる人は、任期1か月間だけ、いわゆる単身赴任となり、家には帰れませんでした。内部は博物館として見学できますので、興味のある人はフリータイムの時に入ってください。2階には、寝室や大広間があり、中2階には食器や燭台、武器などが展示されています」

総督の投票や会議などは、隣にある建物で行われた。国会議事堂のよう

旧総督邸

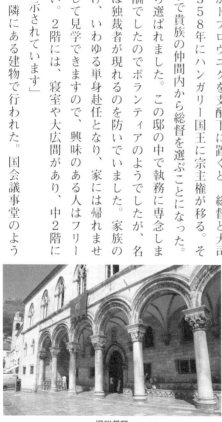

な役目を果たしていたが、現在は市庁舎であり、1階にはカフェがある。マリン・ドルジッチ（16世紀の劇作家）劇場もある。

（大聖堂）

ルジャ広場から南へとまっすぐ行くと、大聖堂がある。

「この大聖堂の歴史は古く、今の建物は3代目です。最初は、ビザンチン時代にここに教会がありました。次に、12世紀に、イギリスのリチャード王によって建てられました。それが1667年の地震で崩れ落ちた後、18世紀のバロック様式で再建されたのが、今見られるものです」

リチャード1世（獅子心王）は、第3次十字軍遠征から帰る途中、アドリア海に入り、イタリアのアクイレイア港へ北上する途中、ギリシャのコルフ島付近で暴風雨にあった。船は破損してしまい、荒れ狂う海に投げ出された王は、聖母マリアにお願いした。「もし、幸いにして自分が生きながらえたら感謝して、最初に上陸したところに教会を建てよう」と。

数日後、彼はドブロヴニク近くのロクルム島に漂着し、無事助かった。王がそのことを市民に話したところ、市民はロクルム島でなく市内に建ててほしいとお願いした。

そして、この場所に1192年にロマネスク様式の大聖堂が完成した。しかし、1667年の大地震によって倒壊した。

大聖堂（正面）

その後、ウルビーノ（イタリア）のブファァリーニがバロック様式で設計した。彼はドブロヴニクを訪れたことがなく、土地の石工によって1713年に完成された。しかし1981年にまた地震があり、数か所崩れた。ひび割れた床から古い教会の遺構が見つかり、7世紀からここにビザンチン様式の教会があったことがわかった。

（ドブロヴニクの城壁）

旧市街の徒歩観光の後は、いよいよ城壁に上る。

城壁への登り口は全部で3か所ある。ピレ門近くの階段は急なので、今回は旧港の聖ルカ要塞の近くの入口から上がった。城壁は一方通行（時計と反対で左回り）で、逆回りはできない。一周する自信がない人は、途中の階段から下りることもできる。城壁上にも上りや下りの階段が多くある。一周すると40分から60分くらいだろうか。

夏場は非常に暑くてのどが渇くので、城壁の上のところどころにあるカフェで水分補給や休憩をしながら無理せずに歩きたい。また、最近、城壁の上でスリが多いので貴重品の管理には注意してほしい。

城壁の長さは約2キロ（1994メートル）で、厚さは3メートルから6メートルもあり、非常に頑丈にできている。8世紀末に建設が始まり、

最も高いミンチェタ要塞から見た旧市街

人口の増加とともに拡張されていった。13世紀後半に今のような規模の城壁が完成、その後、17世紀までの間に要塞が増築された。１６６７年に大地震があったときも、この城壁は災害を免れた。ハイライトは「ミンチェタ要塞」の辺りだろうか。ここが一番高いところで、25メートルの高さがある。

そのあとは緩やかな下り坂になるが、まだまだ城壁は続く。旧市街を見下ろせ、海が見渡せ最高の景色が楽しめる。旧市街でまだ歩いていない道を探して、この後のフリータイムで歩いてみるのもおもしろい。入ってきたピレ門の上からはプラツァ通りが見下ろせる。

海側には、ボカール要塞、旧市街には聖イグナチオ教会も見える。

この教会は、１６６７年の地震の後で建てられたものである。１７２５年に完成したバロック様式の教会で、内部には、イエズス会の創始者聖イグナチオの生涯がフレスコ画で描かれている。鐘楼の鐘は１３３５年に造られたもので、ドブロヴニクでは一番古い。

城壁を歩く

海側をさらに東へと進んでいくと、町の南東に「聖イヴァン要塞」がある。近くには、水族館や海洋博物館があり、この近くにも城壁の出入り口がある。それから、旧港を見下ろしながら歩くと一周が終わる。

旧市街の西側、城壁の外側には、ロヴリイェナツ要塞がある。海からの敵軍を真上から攻撃できる。

要塞の入口には、ラグーサ共和国のモットー「"Non bene pro toto libertas venditur auro"（いかなる黄金に換えても自由を売ることはできない）」がラテン語で彫られている。

（ドブロヴニクのフリータイム）

フリータイムでは、ミニクルーズに人気がある。旧港から1時間おきに船が出ていて、城壁を海側から眺めた後、ロクルム島を一周するボートクルーズで、所要40分から一時間弱、ヌーディストビーチのあたりを回ってくれる。

ガイド付き観光で通らなかった道を歩いてみるのもおもしろい。

プラツァ通りの南側にあるオドプチャ通り（Od Puca）は、西の聖クララ女子修道院から東の旧総督邸まで延びており、セルビア教会や青空市場があり、小さな土産店もたくさん並んでいる。

歴史に興味のある人ならスポンザ宮殿や旧総督邸の内部を見たり、海運業に興味のある人なら、港に突き出た海洋博物館などを見学するのもおもしろいだろう。

観光客が宿泊するホテルは旧市街にはなく、フリータイムの後は路線バスでホテルまで戻ることになる。ピレ門の外にバス乗り場があり、ホテルの最寄りのバス停で降りる。

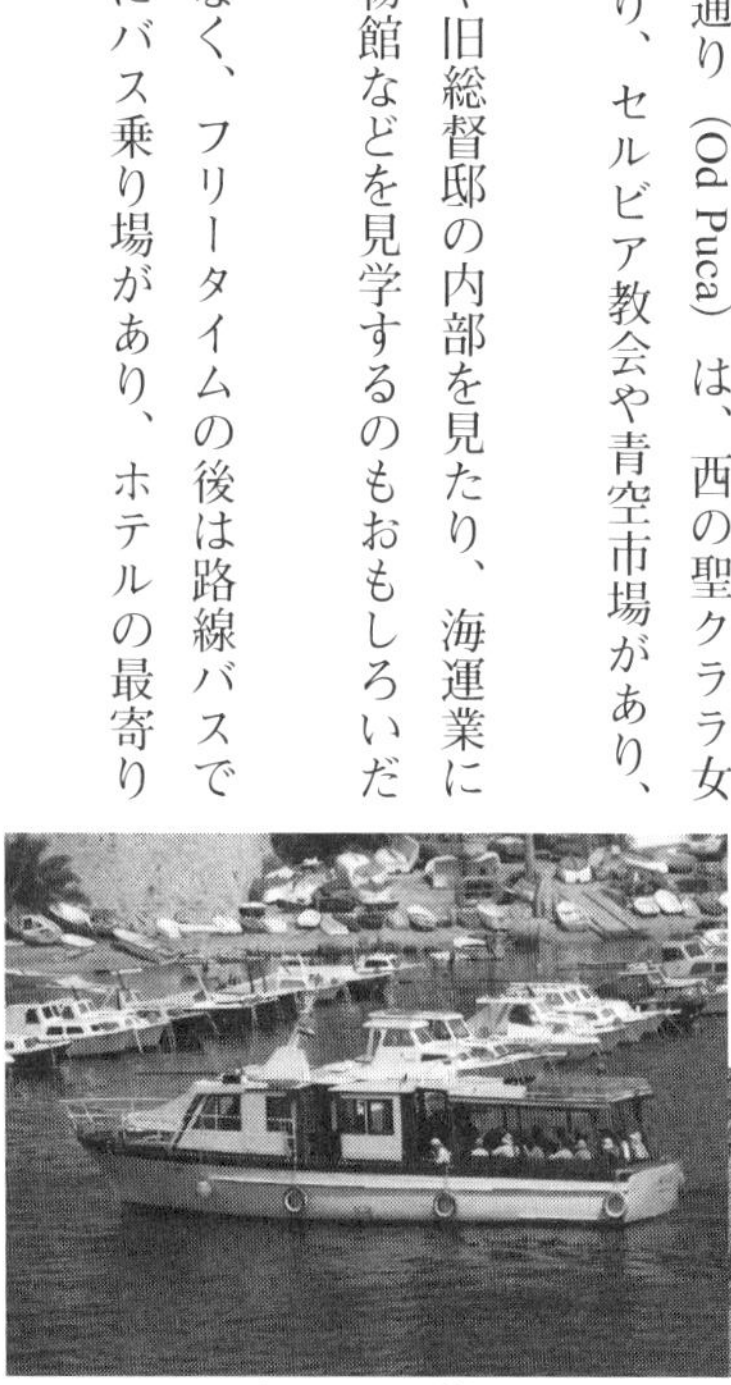

ミニクルーズ船

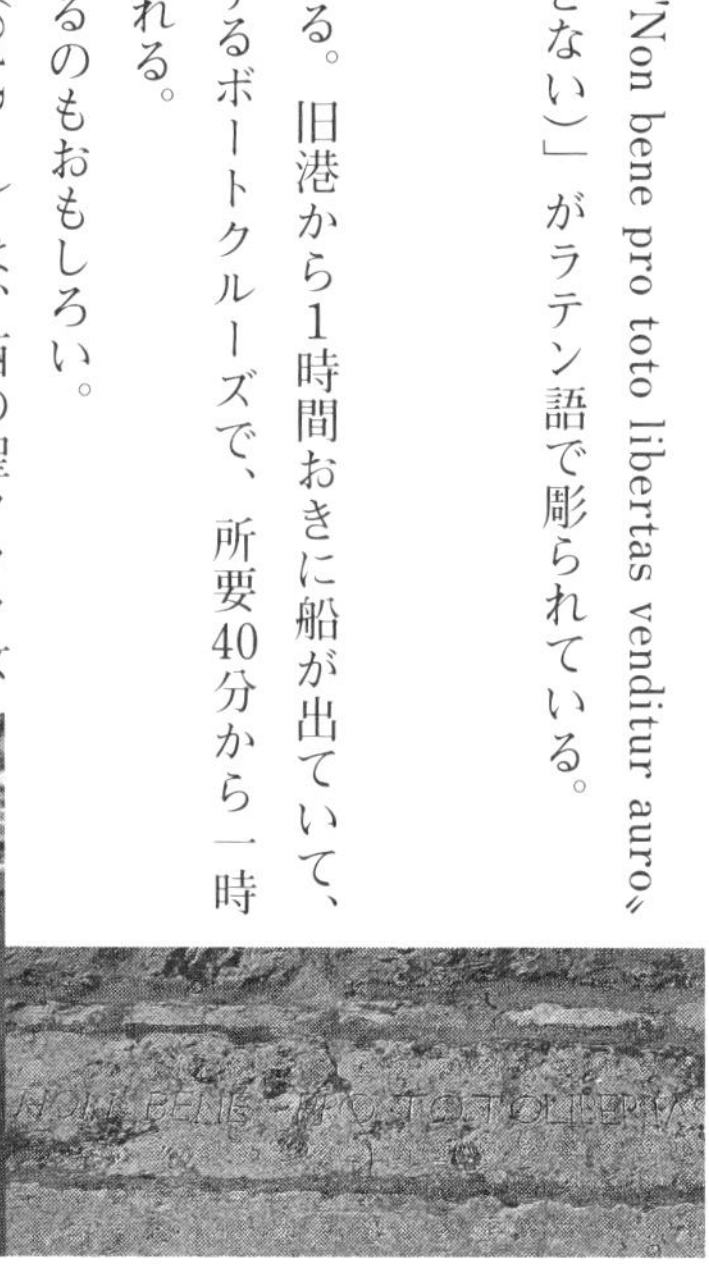

ロヴリイェナツ要塞入口上部の刻文

切符は、バス停前の売店やホテルで買っておくとよい。バスの中で買うこともできる。割高になるが、時間のないときには便利だ。タクシー乗り場もすぐそばにある。

ダルマチアのその他の町と島

〔ザダル〕

シベニクからアドリア海沿いに北へ70キロほどのところにあるザダル（Zadar）は、ヴェネチア支配下にあった町である。旧市街の正門には聖マルコのライオン像がある。

紀元前9世紀からイリュリア人が住み、紀元前3世紀ごろからローマ人が侵入し始めた。ローマ人とイリュリア人との間で戦争を繰り返した後、ローマがこの地を征服した。

町のランドマークとなっている聖ドナット教会は、もともとローマ時代の中心広場フォロのあったところで、ローマ神殿があった。周辺からは多くのローマ遺跡が見つかり、考古学博物館でもローマ遺跡からの発掘物が見られる。

ドナット司教の時代、フォロの跡地に教会が建てられた。当初は三位一

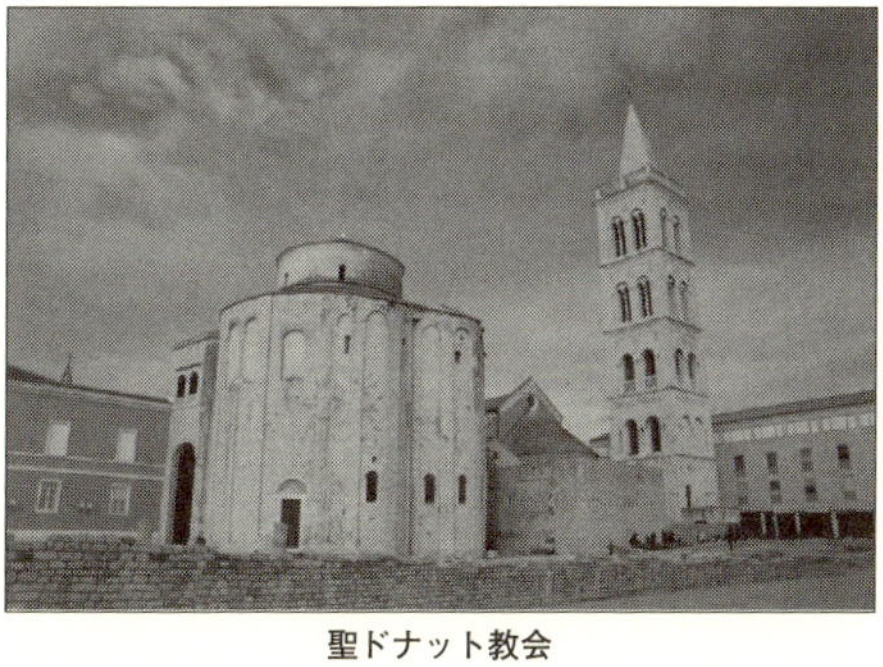

聖ドナット教会

体教会と呼ばれていたが、後に聖ドナット教会（Crkva sv. Donata）と名を改めた。

円柱形の教会はクロアチアでは珍しいが、ビザンチン時代に建てられた教会にはよく見られる。イタリアのラヴェンナにあるサン・ヴィターレ教会（八角形）も同じ建築様式である。ローマ時代の神殿か何かに使われていた石が土台に使われている。

隣には、聖ストシャ大聖堂もある。こちらはもう少し後の12世紀に建てられた、円いアーチが特徴のロマネスク様式の教会である。

しかし、建築の途中で、ヴェネチアの十字軍の攻撃によって町は破壊され、教会の建築も中止となった。後に再開され、１３２４年に完成した。聖ストシャ(アナスタシア)は、ローマ貴族出身の女性であったが、ディオクレティアヌス帝時代に火あぶりにされて殉教した。

周辺には、ルネッサンス様式の聖母マリア教会や、ゴシック様式のフランシスコ会修道院、考古学博物館など、見どころが多い。

１３５８年のザダル条約によって、ダルマチアがヴェネチア領からハンガリー王国領へと移った。


（オミシュ、マカルスカ）

今回はスプリットから内陸へと入り、モスタル経由でドブロヴニクへと向かったが、スプリットからアドリア海沿岸をずっと南下してドブロヴニクに行く場合は、オミシュやマカルスカなどのアドリア海沿岸の町を通過することになる（高速道路を通るときは見えない）。また、アドリア海にはブラチュ島、フヴァール島、コルチュラ島など多くの島があり、リゾート客も多い。

オミシュ（Omiš）は、スプリットとマカルスカの間にある町で、全長１００キロのツェティナ川の河口にある。川でのリフティングなどスポーツを楽しみに来る人も多い。また、スプリットで紹介したクラパ祭りが毎年行われている。

１４４４年にはヴェネチア共和国の支配下に入り、16、17世紀にかけて要塞が建てられた。アドリア海にはビーチが続き、西にはブラチュ島がある。

ブラチュ島が終わるころ、マカルスカの町がある。

マカルスカ（Makarska）は、欧米人の長期滞在者が多いビーチリゾートの町で、50キロの美しい海岸線「マカルスカ・リヴィエラ」が続く。反対側は、クロアチアで2番目の高さの１７６２メートルのビオコヴォ山脈が連なり、ビオコヴォ自然公園となっている。


（フヴァール島）


フヴァール島はアドリア海で一番長い島で、東西68キロある。

島の中心地は、西の端にあるフヴァール（Hvar）で、スプリットから船で渡る。

町の中心に聖スティエパン（ステパノ）広場があり、聖スティエパン大聖堂が建つ。16、17世紀にかけて建てられた、後期ルネッサンス様式の建物で、鐘楼のアーチが美しい。

そばには、旧造船所がある。ヴェネチア時代の17世紀に造られた建物で、地元やヴェネチアの船の造船や修理も行われていた。2階は1612年に造られた市民劇場で、今でも使われている。この辺りからビーチの南に見える建物は、フランシスコ修道院である。

フヴァール島の歴史はクロアチア本土よりも古く、紀元前385年から紀元前384年にかけて、ギリシャ人が植民都市を築いた。

フヴァール島には、世界遺産に指定された「スターリ・グラード平原（Stari Grad）」がある。古代ギリシャ人がブドウやオリーブを栽培するために荒地の石を積み上げ、区画整理した石垣が、当時の原形をとどめており、現在もそのまま利用されている。

世界遺産に登録されてはいるが、観光客の来訪は少なく、日本からスターリ・グラード平原に行くツアーもほとんど出ていない。

ビシェヴォ島の青の洞窟（©japus）

また、最近では、日本からのツアーにも、アドリア海の青の洞窟を巡るコースが組まれることがある。その青の洞窟観光で有名なのが、フヴァール島のそばにあるヴィス島（Vis）である。ヴィス島にはフヴァール島から船で渡れる。また、スプリットからも直接船が出ている。夏の間は、スプリットやフヴァールから、青の洞窟へのオプショナルツアーが出ている。

ヴィス島観光のメインは青の洞窟と緑の洞窟である。「青の洞窟」はヴィス島の西にあるビシェヴォ島（Biševo）という小さな島にある。また「緑の洞窟」は、ヴィス島南岸の小島にある。

ヴィス島の中心ヴィスの町から、２つの洞窟をボートで回るツアーが出ている。

ただし、カプリ島（イタリア）の青の洞窟と同様、洞窟への入口は狭く、波の状況によってはボートが洞窟の中に入れないこともある。


〈コルチュラ島〉


マカルスカからアドリア海を南下すると、ネウム（ボスニア・ヘルツェゴビナ）、ストンの町がある。ストンからペリェシャツ半島が北西へと向かって突き出ている。

この半島の町オレビッチからフェリーで15分ほどのところに、長さ47キロのコルチュラ島がある。

島の中心はコルチュラで、船を降りて１００メートルほどいくと、トミスラヴ広場があり、階段を上ると、旧市街の入口南門（陸の門）がある。13世紀に造られた。

旧市街は、城壁に囲まれていて、今でも城壁や要塞がかなり残っている。かつては、東西南北に４つの門があった。

旧市街は、南門から北へと向かって半島のように突き出している。東西約１７０メートル、南北３００メートルの町で、東西に多くの通りが造られていて、地図を見ると、魚の骨のような、剣道の面を少し幅広くしたような形をしている。この地方、冬には強烈な北東風「ブーラ」が吹くので、それを遮るために東西にたくさんの通りが造られた。

南門をくぐってまっすぐ北へ１００メートルちょっと歩くと、旧市街の中心地聖マルコ広場があり、聖マルコ大聖堂がある。15世紀に建設された。主祭壇には、ティントレットの「三人の聖人（聖マルコ、聖ジェロニモ、聖バルトロマイ）」と「受胎告知」の２枚の宗教画が飾られている。

広場からもう少し北東へいくと、「マルコ・ポーロの塔」というマルコ・ポーロの生家と伝えられる建物がある。マルコ・ポーロは13世紀の商人の家に生まれ、17歳の時から24年かけて、父と叔父とともに東方へと旅をし、後に「東方見聞録」を残した。

マルコ・ポーロはヴェネチアの出身として知られているが、諸説あり、コルチュラで生まれてヴェネチアに移り住んだ、またはコルチュラはヴェネチア共和国の一部であったため、ヴェネチアで生まれたとされてしまったなどといわれている。

そのマルコ・ポーロがコルチュラで生まれたとされている家がこの建物である。

マルコ・ポーロの塔

モンテネグロ、ボスニア・ヘルツェゴビナ

この章で紹介する世界遺産
・コトルの自然と文化歴史地域（1979年）
・モスタル旧市街の古橋地区（2005年）
・メフメッド・パシャ・ソコロヴィッチ橋（2007年）

コトル、時計塔

モンテネグロ

（ドブロヴニクからコトルへ）

ドブロヴニクからの半日日帰りツアーなどで、モンテネグロ（Montenegro）のコトルへ行くことも多い。途中、国境での検査があるので、パスポートの提示が必要である。「モンテネグロ」とは「黒い山」という意味で、現地の言葉では、「ツルナ・ゴラ（Crna Gora）」という。モンテ・ネグロという言い方はイタリア語のヴェネチア方言で、スペイン語も同じ、イタリア語ではモンテ・ネロ（国名としてはモンテネグロ）である。アドリア海沿いにそびえる山々に木が生い茂り黒く見えることからそう呼ばれる。国土の大部分がディナル・アルプスで石灰岩の山地で占められている。

言葉はモンテネグロ語だが、セルビア・クロアチア語とほとんど同じである。

セルビア王ドゥシャンの死後、セルビア人の一部が、14世紀にオスマントルコの支配を逃れて住みついたのがモンテネグロである。モンテネグロ人は、もともとセルビア人と同じ部族集団であったが、歴史の変遷によって独自の民族を作っていった。

15世紀に入り、ボスニアなどの周辺の国々がオスマン帝国に征服されると、オスマン帝国から逃れるため、山奥のツェティニェに首都を置いた。しかし、１４９６年にはついにモンテネグロもオスマ

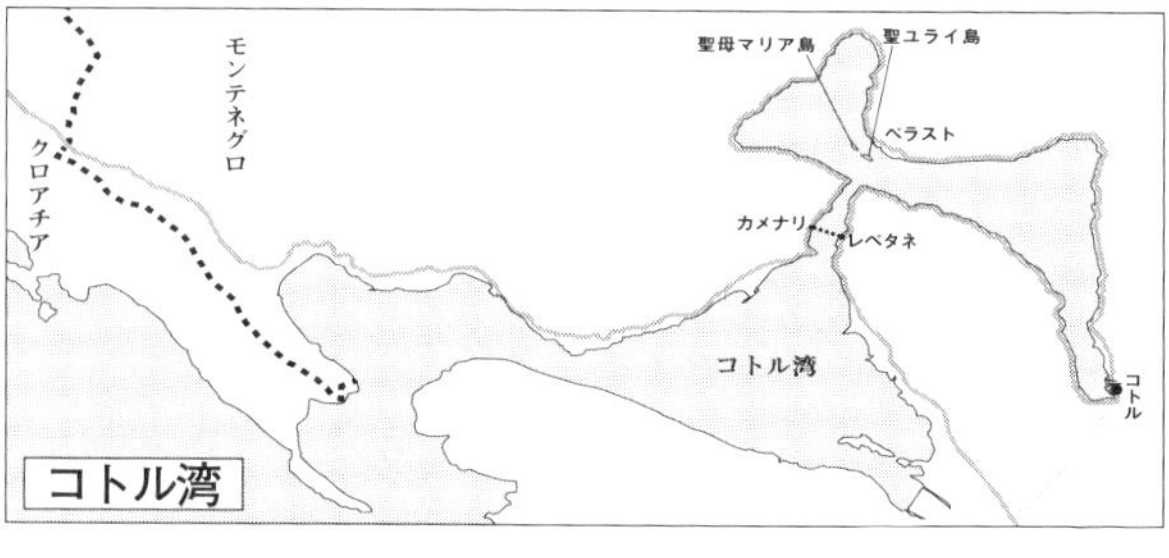

ン帝国の支配に置かれた。しかし、山岳地ということと、ヴェネチア領のすぐそばに位置するということで、一定の税を納める朝貢国として独立を守った。

17世紀にペトロビッチ家による支配が始まり、実質的にはオスマン帝国から自立していく。

１８７８年のベルリン条約でオスマン帝国から独立した。１９１０年には公国から王国になる。第１次世界大戦ではオーストリア軍に占領されるが、終戦と共にユーゴスラビアに組み入れられる。

１９９０年代には、ユーゴの国々が次々に独立していき、セルビアとモンテネグロだけが最後まで連邦に残った。コソボ紛争への対応の違いなどからモンテネグロでも独立への動きが出る。

カトリックのスロベニアやクロアチアと異なり、モンテネグロはセルビアと同じ正教で、言葉も同じなので、兄弟のような関係であった。セルビアは、モンテネグロとの連合を維持するために、ユーゴスラビア連邦を解消して、「セルビア・モンテネグロ」と国名を改めた。しかし、モンテネグロは、２００６年の国民投票で独立を決めた。

現在の首都は、ポドゴリツァ（憲法上の首都はツェティニェ）。ユーゴスラビア時代にはチトーグラード（チトーの町）と呼ばれた。モンテネグロの人口は62万ほど、面積は福島県と同じくらいである。

ちなみに、モンテネグロではユーロが使われている。しかし、スロベニアと違って、正式なユーロ加入国ではない。モンテネグロは、１９９９年11月からユーゴスラビア・ディナールに替えてドイツマルクを使うことを決めた（ただし、ドイツに断ったわけではない）。ドイツマルクがユーロに切り替わったので、モンテネグロでもユーロの流通に切り替えた。したがって、独自のデザインをもつ硬貨も存在しない。

ドブロヴニクからバスで国境まで1時間、出国時は全員のパスポートにスタンプを押された。入国時は、今回バスの運転手のみ、代表で検査があった。クロアチアとの国境を越えたところでトイレ休憩を取り、それからまた1時間15分ほど走る。

コトルは、首都ポドゴリツァの西約80キロ、ドブロヴニクからも80キロほどだ。コトル湾の奥深くにあり、船を使うと速いが、陸路でコトル湾を回って行くとかなり時間がかかる。

今回、往路はバスで陸路を行ったので2時間半くらいかかったが、帰りは時間を短縮するためにレペタネ、カメナリ間をフェリーで渡った。

コトル湾は「ヨーロッパ最南部のフィヨルド」といわれている。

湾には小さな人工の島が2つある。聖母マリア島と、聖ユライ（ジョージ）島である。聖母マリア島には、「岩礁の聖母マリア教会」がある。

往路、ペラストという小さな町を通ったが、ここから夏の間だけ、聖母マリア島へいくボートが出ている。5分くらいで到着する。聖ジョージ島は、船乗りたちの墓を守る教会で一般の人は入れない。

１４５２年7月22日、地元の漁師が漁をしていると大きな岩にぶつかった。しかし、一命を取り留め、そのとき聖母マリアのイコンを釣りあげた。そのマリアのイコンを安置するために建てられたのが、

カメナリ、レペタネ間のフェリー

この岩礁の聖母マリア教会である。イコンは教会の祭壇に飾られている。ペラストの漁師や仲間、地元の人たちが山から運んできた石や破損した船の資材を海に沈めて造った人口の島である。200年ほどかかり、1630年に完成した。2階は博物館になっている。

（コトルの散策）

コトル（Kotor）は、市街部の人口1万3000人くらい、ヴェネチア共和国時代、オスマントルコの侵攻に備えて造られた城壁が市街を取り囲んでいる。

ローマ帝国時代はダルマチア州に属した。東西ローマが分断された時には、境界線上にあった。ローマ帝国崩壊後、東ゴート王国時代を経て、東ローマ帝国時代にコトルの町は大きく成長した。モンテネグロの他都市と異なり、1420年から約400年間はヴェネチア共和国によって支配され、その間二度オスマン帝国に占領される。その時代に、今見られる城壁が築かれた。

ナポレオンの登場によって、ヴェネチア共和国は幕を閉じた。

その後も、他のモンテネグロの地域と異なり、クロアチアやボスニアと共にハプスブルクの支配下となり、第2次大戦中はイタリアが占領、戦後はユーゴスラビア内のモンテネグロに属した。

1979年に、コトルはユネスコの世界遺産として登録された。

駐車場でバスを降り、シュクルダ川の橋を渡って城壁沿いに歩くと城壁の正門がある。1555年に建築された門で、ここでガイドと合流して町の中の見学が始まる。

入口脇には観光案内所もある。正門は、海側にあるので海の門ともいわれる。城壁にはヴェネチア共和国のシンボル、翼を持つライオンの浮彫がある。

門の上には、１９４４年11月21日（２１Ⅺ１９４４）と書かれている。これは、ナチス・ドイツに解放された日である。

「コトルの町は城壁に囲まれており、３か所の門があります。背後には城壁が山頂まで続く山がそびえています。旧市街は城壁に囲まれた正三角形のような形で、一辺の長さが約３００メートルの町です。旧市街は小さな町で、今日は城壁に登らずに町の中だけの見学ですので、これから30分か40分くらい一緒に町を歩いて回ります」

城壁に囲まれた門をくぐって町の中へ入ったところが、かつて武器庫が置かれていたオルジャ（武器広場で、町のシンボルである時計塔が目の前に現れる。

「この時計塔は１６０２年に造られたものです。時計の下にあるとがった四角錐の柱は「恥の柱」と呼ばれ、罪人を縛り付けてさらし者にするために使われていました」

武器の広場から町を時計と逆回りに歩いて一周することになった。

正門（海の門）

恥の柱

トリプン広場にいく通りには15世紀ごろから18、19世紀ごろまでに建てられた貴族の館が多く立ち並んでいる。現在ではホテルや市庁舎、博物館として利用されている。トリプン広場には、コトルのもう一つのシンボル、聖トリプン大聖堂がある。

「聖トリプン大聖堂は１１６６年に建てられたロマネスク様式のカトリック教会ですが、１６６７年と１９７９年の２回の地震により崩壊しました。２つの塔は１６６７年の地震の後に再建されたものです。塔の高さは左が33メートル、右が35メートルあります。左の塔には８０９と書いてあります。これは、このロマネスク様式の教会の前身である最初の教会が建てられた年です。右には２００９と書いてありますが、これは建立から１２００年後に修復された年です」

聖堂の入口上部には、聖トリプンの黄金の像が「コトルの町」を抱えて立っている。

聖トリプン（トリフォン）は、ビチニア（ローマの属州、現トルコ）生まれの殉教者で、彼の遺体がヴェネチアへ運ばれてくる途中で嵐に遭い、船がコトル港に避難した時、町の教会の鐘がひとりでに鳴ったといわれる。こうした奇跡により、聖トリプンはコトルの守護聖人とされた。

内部は円いアーチが特徴のロマネスク様式で、天井にはフレスコ画が残っている。石造りの美しい天蓋もある。２階は宝物館となっており、入口上のバルコニーに出られる。

トリプン広場にはドラゴ宮殿や市庁舎もある。

聖トリプン大聖堂

ドラゴ宮殿横から北へ進むとグルグリナ広場で、グルグリナ宮殿（18世紀）があり、海洋博物館として公開されている。近くには古い井戸もある。

「この井戸は17世紀に造られ、20世紀まで町の飲料水用として使われていました」

さらに北へいくと、教会が2つある聖ルカ広場（聖ニコラ広場ともいう）に出る。小さいほうの教会が聖ルカ教会で、大きい方は聖ニコラ教会である。

「聖ルカ教会は、１１９５年に建てられたロマネスク様式の教会です。当時はカトリック教会でしたが、１６５７年に正教会となりました。現在は正教会として使われています」

内部は多くのイコンが飾られている。

「聖ニコラ教会は、１９０９年に建てられた新しい教会です。もともとここには、１５４０年にドミニカ会修道院が建てられていましたが、１８９６年に火災で焼失しました。セルビア正教会で、２本の塔の上にはセルビア正教会の十字があります」

カタカナのキの字のような形の十字架である。内部はモダンで広くて明るい。

ここから、聖クララ・フランシスコ会修道院のそばを通って、時計塔のあるオルジャ広場へ戻り、フリータイムとなった。

聖ルカ教会から奥へいくと、コトルで一番古い歴史を持つ聖母マリア教

山の上に続く城壁

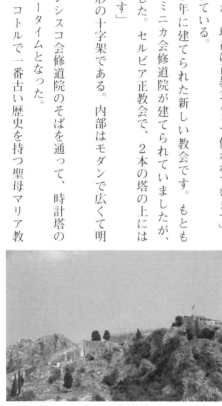

会へいくこともできる。６世紀の古代キリスト教バジリカの跡地に建てられたロマネスク様式の教会で、１２２１年に建てられた。今回は城壁の山には上らなかったが、この教会の奥にいくと、城壁の入口がある（有料）。

コトルの背後の山にある城壁はドブロヴニクのそれと異なり、長城のような城壁で、山へと延びている。城壁を歩くというより、山登りだ。長さは４・５キロに及び、石畳の階段を登っていく。

頂上の標高２６０メートルのイヴァン（ジョヴァンニ）要塞までいくと１５００段ほどの階段があり、登るだけで30分から１時間くらいかかる。時間がないときには（または疲れたときは）、途中まで登って引き返してもよい。中腹あたりに16世紀の聖母教会もある。各城壁そのものの高さは最高でも20メートルほどである。

ボスニア・ヘルツェゴビナ

（モスタル）

今回はスプリットからドブロヴニクへいくときにボスニア・ヘルツェゴビナ方面へと向かい、モスタルを観光してから、別の道路、国境を通ってクロアチアへ戻ったが、ドブロヴニクからの日帰りツアーもオプションなどで出ている。また、ドブロヴニクを出発して、モスタルとサラエボを観光して、サラエボから出国するようなツアーも出ている。

モスタルは、ボスニア・ヘルツェゴビナの、ヘルツェゴビナ＝ネレトヴァ県にある。標高60メートルの大きなモスタル盆地にあり、この地でヘルツェゴビナの低地と山岳が交差している。モスタルのヴェレジ山が１９６７メートルある。

ヘルツェゴビナ最大のネレトヴァ川（総延長２３０キロ）が町の中央を流れ、町を二つに分けている。首都サラエボからは、ネレトヴァ渓谷に沿って鉄道と高速道路がほぼ並行に走っている。

地中海性気候で夏は暑く乾燥して、冬は温暖であるため、ブドウやサクランボ、あんず、イチジクなど果樹が栽培され、「ジラヴカ（Žilavka）」（白）、「ブラティナ（Blatina）」（赤）という品種のワインが古くから作られている。

モスタル、ドブロヴニク間は、ブドウ畑が続く。

「モスタル」という名前は、１４７４年に初めて登場する。現在スターリ・モストのある近くに、かつては木の橋があり、鎖でつながれていた。その橋の守備隊がネレトヴァ川の両岸の塔にいた。その人たちをモスタリ（mostari）と呼んだのが町の名の由来となっている。スラブ語で橋のことをモスト（most）という。

オスマン軍が来る以前、ネレトヴァ川の鎖の橋付近に小さい集落ができて発展し、町の中心地となっていた。オスマン軍がこの集落と、モスタルの南東にあるブラガイの町を占領したのは１４６８年のことであった。

それから１８７８年までの約４００年間、モスタルはオスマン帝国の町として発展することになる。

オスマン帝国は、古代ローマ時代からの街道を整備し、1日の行程に当たる30〜40キロごとにキャラバン・サライ（隊商宿）を建てた。

モスタルの町はベオグラード、サラエボからドブロヴニクに至るまでの隊商路キャラバン・ルートが通っていた。アドリア海沿岸のドブロヴニクやコトルからは、魚や塩、オリーブオイル、干イチジクなどが運ばれ、内陸部からは穀類やはちみつ、肉、羊毛などが運ばれた。モスタルでそれらの荷物をおろし、休憩していった。16世紀には、手工芸や商業が発展し、16、17世紀にかけて、今でも見られるモスクやハマム（トルコの公共浴場）がいくつか建てられた。

1566年には、今ではモスタルのハイライトとなっている橋「スターリ・モスト」が建造された。それから、橋を中心に町が広がった。

今日は、スプリットを朝出発して、クロアチア側のイモツキ（Imotski）の手前5キロのところで一度トイレ休憩をとり、国境を越えて、3時間ほどでモスタルに到着した。

国境では運転手が係官に頼まれてミネラルウォーターをプレゼン

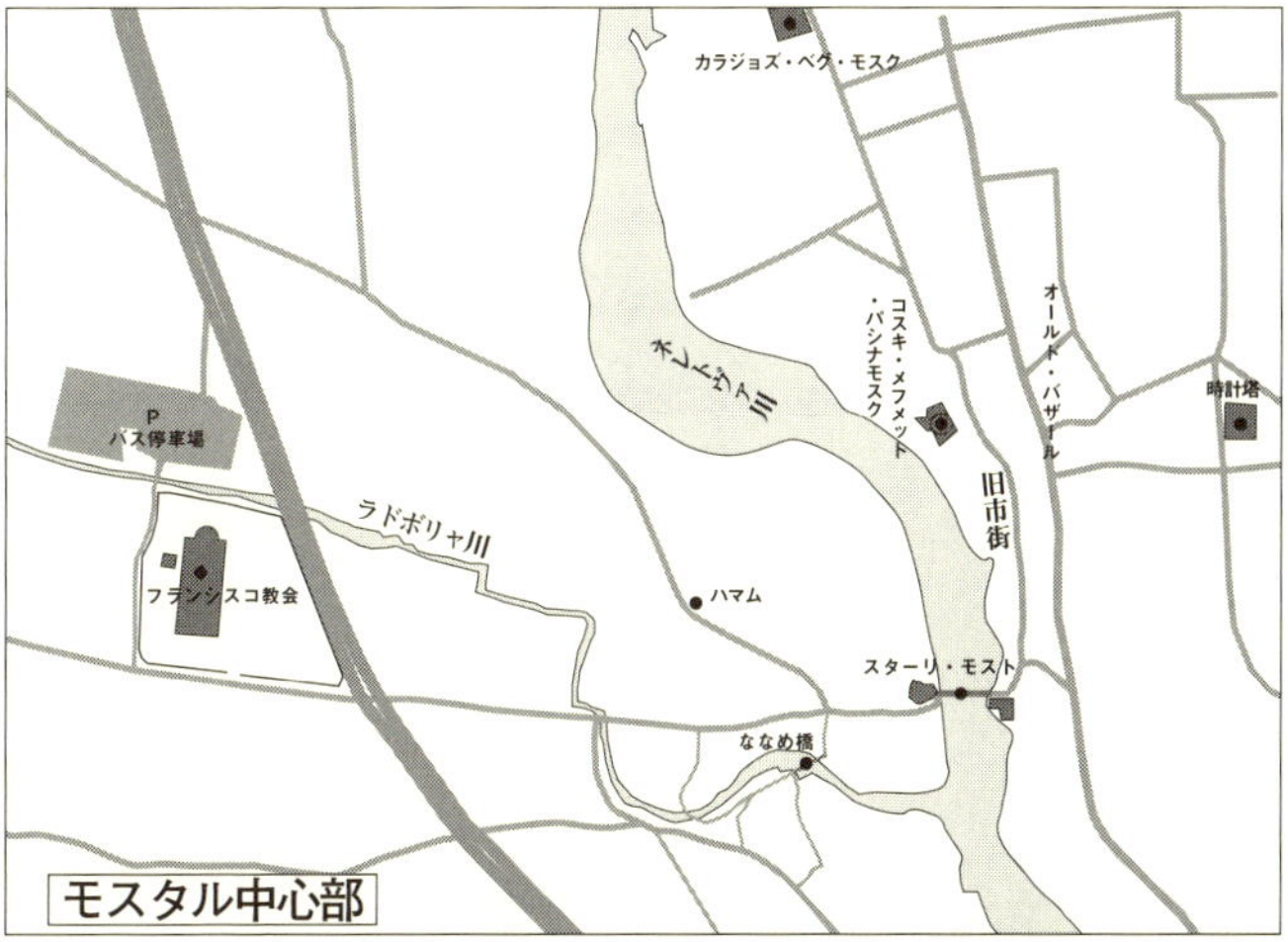

モスタル中心部

トしたためか、今日はスムーズにいったので、予定より早く到着した。

モスタルの駐車場は、旧市街から歩いて15分くらいのところにある。隣にフランシスコ教会という非常に大きなピンクの教会があり、高さ100メートルの塔があるので遠くからでも目印になる。

バスを下車してから、旧市街方面へと向かった。周辺の建物には、ボスニア内戦の弾丸の跡がたくさん残っている。

駐車場から5分ほど歩くと、石畳のある道が突然あらわれ、左右にトルコ風の土産店が並ぶ。この通りをまっすぐ進むと、ネレトヴァ川にかかるスターリ・モストがあり、橋を渡った対岸側がチャルシャと呼ばれている旧市街である。

今日はスターリ・モストの手前にあるレストランでチェバブチチの昼食だ。トルコのキョフテと同じで、肉団子をピタパンに挟んで食するこの地方の伝統料理の一つである。

昼食後、現地のガイドと合流して観光が始まった。

昼食後の一番暑い時間の観光だ。6月でもすでに40度を超えていた。

「7、8月になると最高気温は50度を超えることもあります。とても乾燥しているので水分の補給が必要ですね。歩きながらゆっくり話をすると倒れる人も出ますので、今日は先に涼しい室内で、町の歴史を説明してから30分ほどだけ町を歩きましょう」

と言って、モスタルの町の歴史展示博物館に案内してくれた。観光案内所も兼ねている。

「この建物は、トルコ時代の16世紀後半に建てられました。公共浴場ハマムとして使われたものです」

このハマムの展示場は無料で見学できる。ビデオの上映もある。オスマン時代の町の建設の話や、１９９０年代の紛争での町や橋の破壊などの話をしてくれた。まだ若いガイドだったので戦争中はまだ子供時代であったが、外国に疎開していたという。

町の歴史説明の後、スターリ・モストを渡る前に、スターリ・モストを小さくしたような橋「クリヴァ・チュプリヤ」（ななめ橋）へと案内してくれた（チュプリヤはトルコ語起源の言葉で橋）。

「スターリ・モストは、１５６６年にトルコ兵によって軍事目的に造られたものですが、アーチ形の橋をかけることができるか、練習用として小さい橋をつくって試してみました。それがこの橋です。スターリ・モストが造られる９年前、１５５７年に造られました。この橋は、１９９３年の内紛でも壊されず、16世紀のオリジナルのままこの姿をとどめていました。しかし、１９９８年に起こった洪水によって壊れてしまい、その後再建されました」

クリヴァ・チュプリヤは、メイン通りから少し南側、ネレトヴァ川に流れ込む小川ラドボリャ川にかかる橋でネレトヴァ川との合流点から１００メートルほど上流にある。

スターリ・モスト（Stari Most）は白い石で造られた橋で、太陽の照り返しがきつい。橋はつるつると滑りやすいのでゆっくり歩いた方がよい。

スターリ・モスト

「スターリ」は古い、「モスト」は橋なので、古い橋という意味である。

「スターリ・モストは、1566年のオスマン朝支配下の時代に、トルコの建築家によって建てられました。両岸からアーチ状にかかる橋で、建築技術が非常に高かったといえます。長さ29メートル、幅4・5メートル、水面からの高さは21メートルあります。この橋ができる以前は、木の橋があり、鎖で吊るされていました。しばらくの間トルコ人はそれを使っていましたが、16世紀の半ばにその橋が傷んできたので、住民たちはイスタンブールの役所に新しく丈夫な橋に造り替えたいとお願いしました」

そして、1566年の夏に橋が開通した。設計者はトルコ人建築家ハイルディン。モスタルの南5キロのムコシャの石切り場から切り出された「テネリヤ」という石を使っている。四角い石のブロックで、鉄鍵でつないで、鉛で鋳造されている。

橋の両サイドには塔がある。

「ボスニア紛争中の1993年11月9日に、この橋はクロアチア勢力によって破壊されてしまいましたが、2004年に復元しました」

橋の手前には、「DON'T FORGET '93（93年を忘れるな）」という文字が刻まれた石が置かれている。

2005年には世界遺産として登録された。

橋の上に水着を着た若い男の人が立っている。暑いときはここからネレトヴァ川へ飛び込む人がいる。観光客からチップをもらって飛び込む人が多いと聞く。

橋を渡ると、チャルシャと呼ばれる旧市街側となる。イスラム寺院モスクやトルコ風の土産店が続く。この通りをクユンジルク（Kujundžiluk）と呼んでいる。金細工師（クユンジュ）が多く住んでいたことから名前が付いた。

スターリ・モストの写真が一番美しい姿で撮れるコスキ・メフメット・パシナモスクのそばまで案内してくれてガイドの案内が終わった。モスク前の広場には信者がモスクに入る前に手足を清めるためのあずまやがある。

コスキ・メフメット・パシナモスクは、1618年に建てられたイスラム教徒のモスクで、内部は見学ができる（有料）。別料金であるが塔に上ることもできる。

他にカラジョズ・ベグ・モスクもある。こちらは1557年に建てられたが、第2次世界大戦でかなりの損傷を受け、修復された。

（ボスニア・ヘルツェゴビナの歴史）

クロアチア人、セルビア人と異なり、ボスニアは民族の名前ではなく「ボスナ川」にちなんだ地名である。ボスナ川はサヴァ川の支流だ。

6、7世紀に南スラブ族がこの地に定着した。北西にはクロアチア人、南東にはセルビア人が居住した。

11世紀にはクロアチア王国の支配下となるが、12世紀には「中世ボスニア王国」が誕生する。中世ボスニア王国は、14世紀に「フム地方」を支配下に置く。この地方は、後のオスマン時代に抵抗を続けた「ヘルツェグ公」から名前をとって、「ヘルツェゴビナ」（ヘルツェグの土地）と呼ばれるようになった。モスタルは、ヘルツェゴビナ（Hercegovina）にある。

15世紀の後半には、オスマン帝国に支配され、1527年には全土がオスマン帝国に組み込まれる。オスマン朝統治時代、ボスニアの人々の多くはイスラム教へと改宗した。イスラム教は異教徒には寛大だったので、改宗を無理に迫ることはほとんどなかった。そのため、この国にはイスラム教徒と正教徒のセルビア人、カトリックのクロアチア人が長い間共存した。

1875年にヘルツェゴビナのネヴェシニェ村のキリスト教農民が、オスマン帝国のイスラム教の地主の専横に対して反乱を起こした。

この反乱はボスニア全土に広がり、セルビアやモンテネグロはこれを援助するためにオスマン帝国に宣戦布告、後にロシアが介入して露土戦争が起こる。

ロシアが勝利し、サン・ステファノ条約により、ロシアはバルカン半島進出の足掛かりを得た。しかし、イギリスとオーストリアがロシアのバルカン半島進出に反対し、改めてベルリン会議が開かれ、ロシアの南下政策にブレーキがかかった。

1878年のベルリン条約により、ボスニア・ヘルツェゴビナは、ハプスブルク家のオーストリア＝ハンガリー帝国に行政権が移った。

結局オスマン帝国からハプスブルクへと、支配する帝国が変わっただけで、土地改革は実施されず、キリスト教徒農民の期待を裏切り、反乱が頻繁におこった。

そして、１９０８年には、ボスニア・ヘルツェゴビナは、オーストリア＝ハンガリー帝国に完全に併合された。

隣国セルビアは、オーストリア＝ハンガリーに対抗した。ロシアはセルビアをはじめ、バルカン半島のスラブ人を支援した。


（サラエボ事件）


オーストリア皇帝（１８６７年からはオーストリア＝ハンガリー皇帝）フランツ・ヨーゼフ１世とエリザベート皇妃には４人の子供が生まれ、そのうちの一人ルドルフだけが男児であった。１８８９年1月30日、ウィーンの森のマイヤーリンクの狩猟の館で、ルドルフは男爵の娘とともに心中する。

皇太子の死により、帝位継承者は皇帝の甥となった。皇帝には３人の弟がいたが、一人はメキシコで銃殺刑に遭い死亡、一人は同性愛者、もう一人のカール・ルートヴィヒは跡を継ぐ気がなかった。そのため、カール・ルートヴィヒの長男、つまり皇帝の甥であるフランツ・フェルディナントが次期皇帝に指名された。フランツ・フェルディナントはよく世界旅行に出かけ、１８９３年（明治26年）には日本にも立ち寄っている。

彼は、30歳を過ぎてから結婚相手を自分で選んだ。候補者はたくさんいたが、彼が選んだのはゾフィー・ホテクという、ハンガリー大公妃の女官でボヘミア（チェコ）のホテク伯爵家の娘であった。

ホテク伯爵家は、長い間ハプスブルク家につかえた旧家であったが、皇太子妃になるには身分が違いすぎた。

格式を重んじるフランツ・ヨーゼフ皇帝にとって、次期皇帝になる甥の結婚相手が身分の違う下級貴族の娘であり、いずれは皇妃になるということを認めなかった。帝位をとるかゾフィーをとるかと迫ったが、フランツ・フェルディナントはどちらもあきらめなかった。

皇帝の妥協案により、帝位も結婚も承認された。実際のところ、帝位を継ぐのにふさわしい人物が他にいなかったのである。

そして、「結婚は認めるが、貴賤結婚のため、相手を皇妃とみなさない」と約束させられた。そして、2人の間にこれから生まれてくるであろう子供にも、その子孫にも、ハプスブルク家の公子としての相続権が認められなかった。

そして、1900年6月28日、これの誓約が行われた。偶然にもサラエボ事件のちょうど14年前のことであった。3日後の7月1日に2人の結婚式が行われたが、ハプスブルク家の人間は誰も参加しなかった。

ゾフィーは、ハプスブルク家の一員として認められなかったので、劇場などでも皇帝一家の桟敷席に座ることは許されず、夫と離れた別の場所に座らされた。公式な訪問を夫婦ですることもなかった。

そんな中、公式の場に初めてゾフィーを同伴する許可が皇帝から与えられたのである。その場所がオーストリア＝ハンガリー帝国内のボスニアの首都サラエボ、1914年6月28日のことであった。

ベルリン会議後のボスニア・ヘルツェゴビナのオーストリア併合後、ボスニア住民、特にボスニアのセルビア人の反発は激しかった。

2人は別ルートでサラエボへと向かった。歓迎行事のために護衛も厳しかった。

当日の朝、大公夫妻は10時過ぎに教会でのミサを終え、車で町を走っている時、チャブリノビッチという人物に爆弾を投げつけられた。しかし、爆弾は後続の車の前で爆発した。この時は、多くの見物人とボスニア総督の副官が負傷した。一行は、市庁舎に寄った後、事前に発表されていたルートを変更して、負傷者の病院へ見舞いに行くことにした。しかし、ルートの変更を運転手に伝え忘れていたため、車列は予定のルートに従って、フランツ・ヨーゼフ通りに入った。ルートの間違いに気が付いた同乗のボスニア総督が、運転手にUターンを命じたため、車のスピードを落とした。

その時であった。車に乗っている大公夫妻をめがけて男が銃弾を放った。弾は最初ゾフィーに、そして次にフランツ・フェルディナントに命中、2人ともその場でほぼ即死となった。

大公夫妻を射殺した犯人は、ガブリロ・プリンツィプというセルビア人学生であった。この場所にいた数人がすぐに、銃を撃った犯人に飛び掛かり、取り押さえた。この暗殺事件は、共犯者も含めて全員で25人が起訴された。

プリンツィプは当時19歳で、20年の禁固刑を受けた。しかし、1918年4月に刑務所内で病死した。

1か月後の7月28日、オーストリアは、バルカン半島におけるセルビアとロシアの影響力を一掃するため、サラエボでの事件を口実にセルビアに宣戦布告した。8月1日には、オーストリア、ハンガリーへの軍事支援を約束していたドイツがロシアに、８月３日にはロシアの同盟国フランスに宣戦布告した。８月４日にはロシア、フランスの同盟国であるイギリスがドイツに宣戦布告し、ヨーロッパ中が戦争、第一次世界大戦となった。

サラエボ事件は、ドイツとロシアの利害と支援を背景にしたオーストリア＝ハンガリーとセルビアの衝突であった。

（ボスニア・ヘルツェゴビナの内戦）

ボスニアはユーゴスラビアを縮小したような国で、イスラム教徒（44％）と正教徒のセルビア人（33％）、カトリックのクロアチア人（17％）が長年共存してきたところである。

しかし、独立に賛成するイスラム教徒とクロアチア人、独立反対のセルビア人との間で対立した。

９２年、イスラム教徒を主体とするボスニア政府が独立を宣言すると、反対するセルビア人勢力は軍事攻勢を強め、「スルプスカ共和国（セルビア人共和国）」を樹立してボスニアからの分離を宣言した。

紛争の当初はユーゴスラビア連邦軍の支援を受けるセルビア人が軍事的に優勢で、９２年の終わりごろには国土の６割近くを占有していた。軍事的に劣勢なイスラム教徒は都市部を死守するのが精いっ

ボスニア・ヘルヘルツェゴビナ内戦

ぱいで、人口の少ないクロアチア人は南西部を確保するだけだった。

９３年になると、直接対立する地域の少なかったクロアチア人勢力とセルビア人勢力がボスニア・ヘルツェゴビナ分割の交渉で同盟を結ぶとクロアチア人勢力も独立を宣言し、今度はクロアチア人勢力とイスラム勢力との間でも軍事衝突に発展した。モスタルのスターリ・モストがクロアチア勢力によって破壊されたのもこのころである。

内戦が激しくなる中で、ＥＣ（ＥＵ）と国連が仲介にあたったが同意が得られず、米露英仏独が解決にあたるようになる。

９４年になるとアメリカの仲介で、クロアチア人勢力とイスラム勢力は再び同盟を結び、軍事援助を受けて、セルビア軍に対抗し始める。９４年から９５年にかけては、ＮＡＴＯ（北大西洋条約機構）がセルビア軍の武器庫や軍事施設を空爆した。

９５年８月になると、クロアチア国内でセルビア人勢力を壊滅させたクロアチア軍がボスニアのセルビア人勢力を攻撃し始める。また、ＮＡＴＯの大規模な空爆によってセルビア人勢力の軍事力は弱体化し、９５年10月には和平交渉に応じて停戦に合意した。

９５年11月、アメリカのオハイオ州デイトンにある空軍基地でアメリカ主導のユーゴ和平協議が始まり、仮調印した。そして、１９９５年12月14日、パリで正式に調印され、３勢力は妥協という形をとって、３年半のボスニア紛争は終わった。この紛争により、20万近い死者と２５０万以上の難民を出した。

（サラエボ）

サラエボ（Sarajevo）は、ボスニア・ヘルツェゴビナ連邦の首都であり、最大の都市である。

第一次世界大戦の発端となった「サラエボ事件」が起こった場所は、ミリャツカ川（Miljacka）にかかるラテン橋（Latinska ćuprija）近くであった。

旧ユーゴ時代は、犯人が立った場所をコンクリートの堀跡で示し、橋もプリンツィプ橋と改名、彼を民族解放の先駆者とたたえる記念碑が造られた。大公夫妻を射殺した犯人プリンツィプは、ボスニアでは英雄とされていた。

しかし、ボスニア内戦後、ラテン橋に戻された。川沿いの道から一本北側のゼレニー・ベレツキ通り（Zelenih beretki）と呼ばれる通りが、当時のフランツ・ヨーゼフ通りである。

事件現場のすぐそばにはサラエボ博物館があり、オーストリア支配下のボスニア・ヘルツェゴビナの暮らしやサラエボ事件に関するものなどの展示がある。小さな博物館だが、大公夫妻の暗殺に利用されたピストルや犯人が着ていた服、犯人の足跡なども展示してある。

ここから北側一帯が、バシチャルシャ（Baščaršija）といわれる旧市街の職人街で、オスマン時代の雰囲気を残しているトルコ風の町である。モスクやバザールがあり、多くの観光客が訪れる場所で、さまざまな土産物が売られている。近くには、ユダヤ教会シナゴーグを利用したユダヤ博物館もあれば、少し離れたところにはカトリック大聖堂やセルビア正教会もある。

バシチャルシャの東の方には、ミリャツカ川に面して、修復中の国立図書館の建物がある。サラエボ事件の日、大公夫妻が最後に訪れたところで、当時はオーストリア＝ハンガリー時代に建てられたサラエボ市庁舎であったが、後に図書館となった。１９９２年の内紛で爆撃されたため、内部の蔵書はほとんど焼失した。

（ドリナの橋）

ボスニア・ヘルツェゴビナには、もう一つ世界遺産がある。サラエボから東へいった、セルビア国境に近いヴィシェグラード（Višegrad）を流れるドリナ川にかかる「メフメッド・パシャ・ソコロヴィッチ橋（Most Mehmed-paše Sokolovića）」（ドリナの橋）である。

メフメッド・パシャ・ソコロヴィッチは、ボスニア出身のキリスト教徒であったが、子供のころ、当時のオスマン帝国時代の制度に従ってトルコの宮廷に連れて行かれ、出世して皇帝スレイマン１世の大宰相にまでなり、ドリナ川（Drina）に橋の建設を命じた。橋は１５７７年に完成した。

１９６１年にノーベル文学賞を受賞した作家イヴォ・アンドリッチ（Ivo Andrić）の歴史小説「ドリナの橋」は、オスマン時代からオーストリア＝ハンガリー時代の１９１４年までのヴィシェグラードとドリナの橋にまつわる歴史物語が描かれている。

メフメッド・パシャ・ソコロヴィッチ橋

《著者紹介》
武村陽子（たけむら・ようこ）
1966年神戸市生まれ。神戸市在住。
高校卒業後、会社員、児童英会話講師を経て、
1991年より、添乗員の仕事を始める。
行き先はヨーロッパが90%以上を占める。最近よく行く国は、イタリア、ドイツ、フランス、ベネルクス、スペイン、中欧（チェコ、オーストリア、ハンガリー）、北欧、クロアチア、スロベニア他。
関西のスペイン・中南米の愛好家が集まる「イスパニッククラブ」代表。

主な著書、「プロの添乗員と行く ドイツ世界遺産と歴史の旅」「プロの添乗員と行く イタリア世界遺産と歴史の旅（改訂版）」「プロの添乗員と行く 中欧世界遺産と歴史の旅」「プロの添乗員と行く オランダ ベルギー ルクセンブルク世界遺産と歴史の旅」「プロの添乗員と行く フランス世界遺産と歴史の旅」「プロの添乗員と行く スペイン世界遺産と歴史の旅（改訂版）」（同シリーズ全て彩図社）
「歴史を旅する イタリアの世界遺産」（山川出版社）

―プロの添乗員と行く―
クロアチア・スロベニア世界遺産と歴史の旅

2015年8月11日 初版1刷発行

著　者　武村陽子
発行者　山田有司
発行所　株式会社　彩図社
〒170-0005 東京都豊島区南大塚3-24-4
電話 03-5985-8213
http://www.saiz.co.jp
twitter.com/@saiz_sha（新刊情報）→
印刷所　新灯印刷株式会社

Printed in Japan. ISBN978-4-8013-0095-8